100 VERSÍCULOS BÍBLICOS

para saber de cor

ROBERT J. MORGAN

100 VERSÍCULOS BÍBLICOS

para saber de cor

Tradução de Emanoelle Veloso

Rocco

Título original
100 BIBLE VERSES
EVERYONE SHOULD KNOW BY HEART

EDITORA ROCCO LTDA.
Rua Evaristo da Veiga, 65 – 11º andar
Passeio Corporate – Torre 1
20031-040 – Rio de Janeiro – RJ
Tel.: (21) 3525-2000 – Fax: (21) 3525-2001
rocco@rocco.com.br

Printed in Brazil/Impresso no Brasil

Preparação de originais
ANNA CLARA GONÇALVES

CIP-BRASIL. CATALOGAÇÃO NA PUBLICAÇÃO
SINDICATO NACIONAL DOS EDITORES DE LIVROS, RJ

M846c

Morgan, Robert J., 1952-
100 versículos bíblicos para saber de cor / Robert J. Morgan ; tradução Emanoelle Veloso. - 1. ed. - Rio de Janeiro : Rocco, 2025.

Tradução de: 100 bible verses everyone should know by heart
ISBN 978-65-5532-548-5
ISBN 978-65-5595-353-4 (recurso eletrônico)

1. Bíblia - Uso devocional. I. Veloso, Emanoelle. II. Título.

25-97243.0 CDD: 242.2
CDU: 27-532.4

Gabriela Faray Ferreira Lopes - Bibliotecária - CRB-7/6643

Para
Ava Grace

SUMÁRIO

O caminho romano: O Plano de Salvação

Escutando: A Palavra de Deus e a oração

Garantias: Paz interior e segurança

Louvor: Adoração e ações de graça

Promessas: Versículos nos quais se apoiar

Santidade: Obedecendo às ordens divinas

Plenitude: O papel do Espírito Santo em nossa vida

Alegria: O tipo de felicidade divina

Fé: Confiando em Deus e descansando em Suas palavras

PREFÁCIO

100 MANEIRAS DE TRANSFORMAR SUA VIDA

Este é um livro sobre o antigo costume de memorizar as Escrituras, sobre por que precisamos revivê-lo e como você pode dar início ao hábito de decorar versículos bíblicos. Pense na coisa toda como se estivesse fazendo compras para sua mente, uma chance de coletar e armazenar tesouros dos quais você poderá desfrutar por anos.

Restaurar a arte de memorizar as Escrituras é crucial para nós, nossas igrejas e nossos filhos. É vital para nossa saúde mental e emocional, e para nosso bem-estar espiritual. Embora seja fácil repetir palavras em voz alta, é algo tão poderoso quanto sementes caindo em solo fértil na floresta. Torna a Bíblia portátil; você pode levá-la consigo a qualquer lugar, mesmo sem carregá-la. Torna as Escrituras acessíveis dia e noite. Permite que a palavra de Deus seja fixada em seu cérebro, permeie seu subconsciente e até mesmo seus pensamentos inconscientes. Preenche seu coração e seu lar com as melhores reflexões já registradas. As Escrituras vão dar cor à sua personalidade, saciar sua alma e abastecer sua mente. Elas mudam as relações de toda família e alteram o clima do dia a dia.

Pode levar um minuto por dia, ou mesmo cinco ou dez — o tempo que você tiver para dedicar a isso. Pode ser feito no banho, na cama, na mesa de trabalho ou mesmo em um avião (isso não é algo que se possa dizer a respeito de muitas coisas). É algo que pode ser feito na rua, no trânsito, enquanto se barbeia, ao nascer do sol, ou antes de dormir. Sozinho, na companhia de alguém ou mesmo em grupo. É um hábito incrivelmente versátil, mas também vital, proveitoso, desde o berço até a velhice.

Aqui temos então 100 maneiras de transformar sua vida — 100 versículos bíblicos que todos no mundo deveriam saber de cor. Por favor, não reclame se seu versículo favorito não estiver entre eles. Eu fiquei mudando e mudando a lista até a data da publicação, mas deixei uma página em branco no final, dessa forma você pode incluir seus próprios versículos e dar continuidade ao hábito.

Sou muito grato aos meus parceiros literários: Thomas Walters, meu editor; Chris Ferebee, meu agente; Sherry Anderson e Emily Youree, minhas assistentes; também agradeço ao meu especialista em internet e conselheiro, Joshua Rowe, e à minha querida esposa, Katrina, que leu cada palavra com um olhar atento. Agradecimentos eternos também à igreja que eu tenho a alegria de pastorear por trinta anos — The Donelson Fellowship de Nashville — que acompanhou a série de sermões que durou um ano na qual este livro é baseado.

Se você deseja me contatar, por favor, visite minha página em www.robertjmorgan.com, onde você encontrará recursos adicionais, incluindo um guia de estudos, ferramentas publicitárias e poderá fazer o download de materiais para igrejas e grupos pequenos que desejem aprender estes 100 versículos juntos.

PARTE 1

O PODER DA MEMORIZAÇÃO DAS ESCRITURAS

Porque, como imagina em sua alma, assim ele é.

(Provérbios 23:7)

CAPÍTULO 1

COMO PENSAMOS

James Allen é conhecido como um homem literário cercado de mistérios. Pouco se sabe sobre ele, e sua carreira foi efêmera feito uma flecha cruzando o céu. Allen nunca alcançou fama e fortuna e morreu aos 48 anos, depois de escrever 19 ou vinte obras e não revelar muito sobre si mesmo em sua escrita, e, enquanto em vida, nenhuma vendeu particularmente bem. Ainda assim, um pequeno livro — seu segundo e um do qual ele nem gostava muito — já vendeu milhões de cópias e influenciou inúmeras vidas.

James nasceu em 1864, na parte rural da Inglaterra, embora sua infância não tenha sido tão bucólica assim. Seu pai, batalhando com um negócio à beira da falência, viajou para os Estados Unidos, em busca de um novo trabalho. Em vez disso, porém, foi emboscado, roubado e assassinado. Ao mesmo tempo, a crescente crise financeira da família na Inglaterra forçou o jovem James a abandonar a escola aos 15 anos e procurar um emprego. Ele se tornou assistente pessoal de fabricantes britânicos, e trabalhou na área até 1902, quando, aos 38 anos, simplesmente pediu demissão.

James e sua esposa se mudaram para uma pequena cidade costeira chamada Ilfracombe, um dos lugares mais bonitos de toda a Inglaterra. Ele viveu ali por aproximadamente dez anos até sua morte precoce. Allen mantinha uma rotina estrita. Todas as manhãs, ele se levantava antes do nascer do sol e caminhava até o topo de uma colina próxima, onde passava por volta de uma hora meditando. Então voltava para casa e se dedicava a escrever. As tardes eram reservadas para seus jardins e hobbies.

Até onde sei Allen não era cristão, mas um dos seus pequenos livros foi baseado em um versículo bíblico de Provérbios, e atingiu grande sucesso. Ele pode até mesmo ser considerado o livro que deu origem ao movimento de autodesenvolvimento e pensamento positivo que cresceu nos últimos cem anos.

Seu título é *O homem é aquilo que ele pensa*, baseado em Provérbios 23:7: "Porque, como imagina em sua alma, assim ele é." A base de *O homem é aquilo que ele pensa* é simples: nossos pensamentos são o que há de mais importante em nós. Todas as nossas conquistas e falhas são resultado direto de como pensamos. Eles são como sementes a brotar para a colheita.

Allen escreveu: "Bons pensamentos e atos jamais produzirão maus resultados; maus pensamentos e atos jamais produzirão bons resultados. Isso equivale a dizer que do trigo só poderá nascer trigo e de urtigas só urtigas. Nós entendemos essa lei no mundo natural e trabalhamos com ela; mas poucos são os que a entendem no mundo mental e moral (embora sua ação nele seja igualmente simples e inevitável)."[1]

Sua opinião era de que nós *somos* o que *pensamos*, e nossa vida segue a direção de nossos pensamentos. Se temos pensamentos raivosos, vamos ficar com raiva; se temos pensamentos positivos, vamos ser positivos; se temos pensamentos negativos, vamos ser negativos. A mente é um jardim a ser cultivado e nós somos responsáveis pelo tipo de semente que lançamos em seu solo.

Para citar Allen novamente: "A mente do homem pode ser comparada a um jardim cultivado com inteligência ou entregue ao abandono; quer o cultivem, quer o abandonem, forçosamente brotará. Se nada de bom nele for semeado, más sementes de ervas daninhas se espalharão em abundância e continuarão a multiplicar-se."[2]

Eu amo o pequeno livro de Allen e acredito no pensar positivo, no otimismo e em acreditar na própria capacidade. Mas não sou fã da maioria da literatura sobre o tema que é tão popular nas seções de autoajuda das livrarias. Eu quero que meu otimismo seja baseado na *Verdade* — apenas a Escritura, bem-interpretada. Não quero uma mente cheia de lemas e mantras, e sim com a memória de versículos da infalível Palavra de Deus.

Acredito que a Bíblia é a mensagem inspirada e eficaz de um Deus que é, ao mesmo tempo, próximo e infinito, que é onisciente e onipotente. É sua inteligência revelada sobre como devemos pensar, sentir, agir e falar. Sua teologia é terapêutica, e seus conselhos, sensatos. Cada versículo da Bíblia tem valor incomensurável, já que toda a Escritura é inspirada por Deus e devemos viver nos alimentando de toda palavra que procede da boca de Deus (2Timóteo 3:16; Mateus 4:4).

Como pai e pastor, tentei por décadas semear partes específicas das Escrituras no solo da minha mente — e das mentes de outros. Memorizá-las é uma maneira de cavar mais profundamente na alma e plantar a verdade um pouco mais fundo com o objetivo de alcançar uma colheita mais frutífera. Sim, é um hábito que a maioria das pessoas perdeu; mas perdê-lo é como o explorador que perde o seu mapa ou uma nação sem uma constituição.

Nas páginas a seguir, deixe-me mostrar o que a memorização das Escrituras pode fazer por você e como desenvolver essa rotina enriquecedora. Um versículo decorado se aloja em nossas memórias e então em nossas mentes conscientes e subconscientes. De lá, ele aparece em nossa imaginação, de onde reflete na maneira como vivemos, pensamos, sentimos, falamos, agimos e no que conquistamos. O princípio de Provérbios 23:7 é verdadeiro a cada minuto de nossos dias. É uma lei inviolável da vida e assim permanecerá enquanto a natureza humana existir: porque, como nos imaginamos em nossas almas, assim somos.

Preceito sobre preceito; regra sobre regra...
Um pouco aqui, um pouco ali.
(Isaías 28:13)

CAPÍTULO 2

Memorizando as Escrituras

Você nunca adivinhará onde eu comecei a aprender as dezenas — centenas, talvez — de versículos bíblicos que preencheram a minha mente por cerca de meio século: na Eastside Elementary School, em Elizabethton, Tennessee. A escola, com seu prédio de tijolinhos vermelhos, ficava a dois quarteirões da minha casa, e eu passei seis felizes anos da minha vida nela. Por sorte, a proibição da leitura da Bíblia em escolas públicas ainda não existia em minha cidadezinha. Eu me lembro de ouvir sobre a decisão da Suprema Corte, em 1963, que tornou ilegal a oração e a leitura da Bíblia nas salas de aula. Eu tinha 11 anos, mas ainda me lembro do quão chocado todo mundo parecia com essa discriminação contra cristãos.

Mas isso não nos impediu de memorizar versículos bíblicos, auxiliados uma vez por semana por um intrépido senhor da Children's Bible Mission, organização não governamental que se dedica a evangelizar em escolas, retiros, acampamentos de verão, entre outros espaços. Quando eu estava no primeiro ano, memorizei João 3:16 e recebi uma bela placa como recompensa. No segundo ano, aprendi o salmo 23 inteiro e fui presenteado com um exemplar do Novo Testamento. No terceiro ano, memorizei 25 outros versículos, mas não me lembro do que ganhei; talvez tenha sido uma Bíblia completa, com o Velho e o Novo Testamentos. No quarto ano, foram cinquenta versículos, e, nos quinto e sexto anos, fomos apresentados ao desafio de decorar cem versículos por ano e, se aprendêssemos todos eles, poderíamos ganhar uma semana grátis no acampamento de verão.

Os incentivos acabaram ali, mas muitos dos versículos ficaram comigo durante toda a minha vida. No decorrer dos anos, eu abasteci bastante meu estoque. Esses versículos têm alimentado minha mente. Eles me impediram de cometer muitos erros, de perder o controle em muitas ocasiões e de cometer pecados que teriam corrompido minha alma. Eles proveram encorajamento durante momentos difíceis, conforto durante o luto, paz em meio à turbulência e alegria quando o sol foi encoberto por nuvens de confusão.

Esses versículos também me forneceram coisas para dizer aos outros em muitas ocasiões em que minhas próprias palavras eram incertas ou inadequadas. As Escrituras detinham um poder sobrenatural, tranquilizante, contundente, transformador, oportuno, atemporal e eterno, capaz de mudar sua vida. Nada se compara a ter a palavra de Deus armazenada nas áreas mais profundas de sua mente.

Acho cada vez mais difícil agora memorizar novos versículos — nossa capacidade de nos lembrarmos diminui conforme envelhecemos —, mas ainda tento.

Minha opinião é a seguinte: Se é bom o suficiente para uma escola de ensino fundamental nas montanhas do Tennessee, é bom o suficiente para uma aula de filosofia na Universidade da Califórnia, em Los Angeles (UCLA, na sigla em inglês).

Não muito tempo atrás, eu tive uma conversa interessante com Dallas Willard sobre a memorização das Escrituras. O dr. Willard é professor na Escola de Filosofia da UCLA e um notável pensador e escritor. Ele também é um entusiasmado defensor da memorização das Escrituras. Eu o perguntei por que ele se sentia tão confiante sobre a importância dessa prática, e a resposta foi que sua vida foi moldada, em grande parte, por ter crescido em um ambiente que enfatizava a necessidade de gravar a Palavra de Deus no íntimo de seu coração.

"Eu descobri que, por meio da memorização das Escrituras, os incríveis tesouros da Bíblia não só ficavam disponíveis em minha mente, mas também influenciavam todo o meu ser de um jeito que serve como testemunho do poder substancial da Palavra de Deus", disse ele.

O dr. Willard sugere memorizar passagens inteiras em vez de versículos isolados, e eu concordo.

"Memorizar versículos variados é uma boa coisa, mas, quando eu falo sobre memorizar as Escrituras, estou falando na verdade sobre memorizar passagens, salmos inteiros ou as cartas dos Evangelhos", diz Willard. "Muda não só sua mente, mas toda a sua perspectiva. Para mim, qualquer coisa que vá ser efetiva na formação espiritual ou no crescimento na graça precisa ser holística. Não pode ser apenas um hábito aleatório em que você tem alguns versículos memorizados. Um bom exemplo é o salmo 23. Muitas pessoas o têm memorizado, mas não permitem que ele afete sua forma de pensar e suas ações por meditarem nele como deveriam. Guardá-lo em sua mente é um recurso poderoso para o desenvolvimento pessoal."

Ele ainda acrescenta: "Também é importante para [compartilhar com outros] porque é estranho como ter longas passagens da Palavra de Deus memorizadas simplesmente traz perspectivas, percepções e formas de elaborar as coisas que vão influenciar sua forma de falar, suas conversas e sua pregação. Esse foi meu principal aprendizado ao fazer isso, que há poder em memorizar longas passagens da Palavra."[3]

O dr. Willard está certo. Quando acrescentamos um versículo após o outro, ponderando sobre as passagens e guardando as Escrituras em seu contexto, estaremos mais propensos a interpretá-las acuradamente por meio da meditação. Então, considere o livro que você tem em mãos uma ferramenta para localizar 100 diferentes passagens a serem analisadas, não apenas uma miscelânea de 100 versículos.

Mas a melhor coisa sobre a memorização das Escrituras é que você pode aprender longas passagens por meio de pequenos passos — uma palavra por vez, um versículo após o outro. Você não precisa começar com uma passagem ou mesmo um versículo longo. Apenas comece com uma palavra — a primeira do versículo, então adicione a próxima, e então a próxima.

Como Isaías disse: "Preceito sobre preceito; regra sobre regra... Um pouco aqui, um pouco ali" (Isaías 28:13). É como pintar o interior de sua mente com as cores de Deus, uma pincelada por vez.

Aceite a instrução que vem da sua boca
e ponha no coração as suas palavras.
(Jó 22:22)

CAPÍTULO 3

COMO INSERIR AS ESCRITURAS EM SEU SUBCONSCIENTE

Philip Turner, advogado em uma cidade pequena, percebeu que acordara na unidade de tratamento intensivo de algum hospital, por motivos que desconhecia. Havia aparelhos e luzes estranhas piscando e sons. Parecia haver algo errado com seu corpo e rostos preocupados se assomavam sobre ele. Philip fechou os olhos e tentou pensar. Ouviu os sons de um lugar estranho e estéril, os *bips* de uma máquina que preferia que não estivesse tão perto de seu ouvido.

Havia sido uma noite agradável em Shelbyville, Illinois, e um amigo havia passado pela casa de Philip, sugerindo um voo noturno. Ele e a esposa, Bobbie, toparam. Então dirigiram até a pequena pista de pouso da cidade, subiram a bordo do Beech Musketeer de quatro lugares e poucos minutos depois estavam sobrevoando, olhando a serena e adormecida cidade abaixo, reconhecendo locais e sentindo-se como pássaros iluminados pelo luar. Alguns minutos depois, avistaram as luzes da pista e se prepararam para o pouso.

Essa era a última coisa da qual Philip se lembrava. Mais tarde, ele descobriu que a roda posterior do Musketeer atingiu um fio de energia elétrica, fazendo com que o avião virasse. Bobbie foi arremessada da janela lateral para o chão, enquanto Philip permaneceu suspenso, de cabeça para baixo, preso ao cinto e com mais de cem fraturas espalhadas pelo corpo.

Conforme retomava a consciência, a mente de Philip era preenchida por fragmentos confusos e desordenados de imagens. Depois de horas, as coisas começaram a ficar mais nítidas e uma série de pensamentos invadiram de súbito, como brilhantes feixes de luz. *Não em que nós tenhamos amado a Deus, mas em que Ele nos amou... Que nos salvou e nos chamou com santa vocação; não segundo as nossas obras, mas conforme a Sua própria determinação e graça... Não temas... Porque Deus amou ao mundo... Haveria coisa demasiadamente maravilhosa para mim?*

Aqueles eram fragmentos de versículos bíblicos, mas Philip não era um homem religioso e não frequentava a igreja. Fazia anos desde que abrira a Bíblia pela última vez e certamente não memorizara nada relacionado.

Ou será que tinha? Lentamente, algumas memórias vagas foram surgindo em sua mente. Um pequeno círculo de cadeiras vermelhas. A velha sra. Wolf com uma Bíblia aberta no colo. Pequenos cartões. Prêmios.

Quando tinha cinco anos, Philip havia participado de uma escola dominical e a professora havia ensinado à classe vários versículos bíblicos. Aqueles que os gravassem ganhavam prêmios, mas Philip nunca conseguiu um. Ele havia sido uma decepção para a sra. Wolf. Ainda assim, aqueles versículos estavam nas profundezas do seu cérebro, como sementes adormecidas, esperando apenas o momento certo para germinar.

Philip e Bobbie se recuperaram de seus ferimentos lentamente, e, no processo, se comprometeram com Cristo, começando a frequentar a igreja. Muitos anos depois, quando me contava essa história pelo telefone, ele foi enfático sobre a memorização das Escrituras e sobre a necessidade de plantar trechos bíblicos nas mentes de jovens de todas as idades. Sua vida havia sido transformada por versículos que nem mesmo se lembrava de ter aprendido.

Algumas pessoas questionam o valor da memorização por repetição, e eu admito que memorizar palavras por si só tem um valor limitado. Mas versículos bíblicos não são apenas palavras. Talvez não entendamos completamente cada passagem que memorizamos, mas o ato de aprendê-las as fixa em nossas memórias de curto prazo. De nossa memória de curto prazo, elas são filtradas pelas células responsáveis pela memória de longo prazo. Eles se embrenham em nossos subconscientes e, conforme o tempo passa, os resultados podem ser dramáticos.

E sempre dramaticamente bons.

Foi isso o que aprendi enquanto escutava o sr. Turner me contar sobre o círculo de cadeiras vermelhas, sobre uma senhora com uma Bíblia aberta no colo e sobre o poder de memorizar as mais potentes palavras do universo — os versículos encontrados dentro das páginas da Palavra inspirada de Deus.[4]

Quando memorizamos trechos, frases, textos ou versículos da Palavra de Deus, implantamos uma poderosa partícula radioativa da própria mente de Deus em nossos cérebros limitados. Quando os revisamos, ouvimos ou falamos deles novamente, eles se aprofundam ainda mais em nossas mentes. Conforme aprendemos "de cor", ou seja, de coração, as partes mais escondidas e as fissuras mais íntimas de nossas almas são alcançadas. Conforme meditamos neles, começamos a receber suas silenciosas e terapêuticas ondas de influência. E, como disse o apóstolo

Paulo, somos transformados pela renovação de nossa mente (ver Romanos 12:2).

É por isso que o Senhor ordena em Provérbios 7:1,3: "... guarda os meus mandamentos... escreve-os na tábua do teu coração."

E é por isso que Ele promete no primeiro salmo que, ao internalizar Sua Palavra e meditar nela dia e noite, seremos bem-sucedidos, inserindo a *Sua lógica* em *nossa vida*. Seremos então como árvores plantadas junto a corrente de águas, que, no devido tempo, dá o seu fruto, e cuja folhagem não murcha; e tudo que fizermos será bem-sucedido.

Os sábios entesouram o conhecimento...
(Provérbios 10:14)

CAPÍTULO 4

Como inserir as Escrituras em sua imaginação

Para aqueles que estiverem precisando de um pouco mais de coragem para mergulhar nessa jornada (ou em qualquer outro empreendimento), leve em consideração nossa neta, Chloe, de 9 anos. Aqui temos um e-mail que nossa filha Victoria nos enviou sobre sua ida à Young Men's Christian Association (YMCA) [Associação Cristã de Moços, em tradução livre], uma organização cristã sem fins lucrativos que presta auxílio comunitário. Com nosso genro, Ethan, servindo nas Forças Armadas dos Estados Unidos no Iraque, Victoria e nossas sete netas têm aproveitado as vantagens da filiação gratuita que nossa unidade local oferece às famílias de militares. Um dia, elas foram nadar de tardinha, depois, Victoria me escreveu:

"Comemos pizza no jantar e fomos para a Y. Era uma boa maneira de encerrar a semana. Na terça-feira, as quatro mais velhas, com exceção de Chloe, haviam passado no teste de natação, então poderiam nadar na parte mais funda. Já Chloe tinha dificuldade mesmo na parte rasa comigo. Ela finalmente veio até mim e disse: 'Mãe, estou decepcionada por não acreditar o suficiente em mim mesma para tentar.'

"Então eu disse a Chloe três coisas: (1) mesmo que nunca se arriscasse, ela é tão especial quanto as outras e eu a amo tanto quanto se tivesse passado em mil testes de natação; (2) que ela deveria usar sua mente para se imaginar tentando, repetir isso vez após vez, até acreditar; (3) o Senhor é aquele que nos ajuda a conquistar nossos medos porque Ele é maior e mais poderoso, e é quem nos capacita.

"Ela refletiu sobre tudo isso e não fez o teste. Mais tarde, naquela noite, Chloe me disse que estava imaginando a si mesma treinando. Ela se debateu a noite inteira com essa disputa interna e eu apenas tive que deixar acontecer. Não havia nada que eu pudesse fazer além de deixar que ela abrisse caminho por meio do processo.

"Certa noite, estávamos na piscina há apenas dez minutos quando Chloe veio até mim e disse que ia tentar. Então marchou até o salva-vidas e contou a ele. Chloe nadou da parte funda até o raso lindamente. Precisei secar minhas lágrimas rapidamente para que ela não me visse chorando. Eu não acho que já estive mais orgulhosa dela. É a minha garota!"

Acredito que o conselho de Victoria funcione em qualquer piscina que estejamos. Nós nos conectamos com uma força poderosa sempre que combinamos oração, imaginação e iniciativa. A maior parte dos atletas hoje em dia tem *coaches* mentais que os ajudam a treinar por meio da visualização, e eu já li sobre atletas olímpicos que foram tirados do esporte por lesões e acabaram ganhando ouro ou prata mesmo assim porque continuaram treinando em suas mentes quando não podiam treinar seus corpos.

Uma mergulhadora visualizou cada segundo de sua rotina dia após dia, usando uma concentração intensa e focada. Ela se recuperou da lesão bem a tempo dos Jogos e conquistou um lugar no pódio.

Um dia, lia biografia de um homem que passou muitos anos em um campo de prisioneiros de guerra no norte do Vietnã. Ele era um golfista ávido e, toda tarde, com a ajuda de sua imaginação, jogava 18 buracos completos. Usando um pedaço de pau, o homem andava por sua pequena cela, movendo os braços como podia. Ele via a si mesmo entrando no carrinho de golfe e indo lentamente para o próximo buraco, visualizando cada tacada de cada buraco. Quando finalmente voltou para casa, o homem voltou ao esporte como se nunca tivesse interrompido a prática.

Tudo isso demonstra o poder da meditação, o potencial da visualização, e a verdade do provérbio: "Como imagina em sua alma, assim ele é" (Provérbios 23:7).

Quem criou nossos cérebros e sua incrível complexidade? Quem nos deu a habilidade de pintar afrescos nas paredes de nossas mentes? Quem nos deu a habilidade de imaginar?

Eu não sou um defensor da filosofia que tem como slogan: "Se você é capaz de imaginar e acreditar em algo, você vai recebê-lo." Nada é tão automático ou ingênuo. Mas o Senhor certamente quer que ponderemos internamente sobre a Sua Palavra, usando todas as competências que Ele nos deu. Nossa mente é uma amostra poderosa da genialidade criativa de Deus. Ela é capaz de processar pensamentos, mas também visualiza e imagina. Os devaneios e fantasias de nossa natureza pecadora são muitas vezes nocivos; mas há um tremendo poder no uso santificado deles.

Memorizar as escrituras nos permite praticar meditação espiritual. Jesus disse em Mateus 22:37 que precisamos amar o

Senhor, nosso Deus, de todo o nosso coração, de toda a nossa alma, com toda a nossa força e toda a nossa *mente*.

- "É preciso que o coração e a *mente* de vocês sejam completamente renovados" (Efésios 4:23 NTLH*, ênfase minha aqui e nos versículos seguintes).
- "Tu conservarás em paz aquele cuja *mente* está firme em ti; porque ele confia em ti" (Isaías 26:3 ARC**).
- "Tende em vós a mesma *mente* que houve também em Cristo Jesus" (Filipenses 2:5 KJA***).
- "*Pensai* nas coisas lá do alto, não nas que são aqui da terra" (Colossenses 3:2).
- "Porque as pessoas que vivem de acordo com a natureza humana têm a sua mente controlada por essa mesma natureza. Mas as que vivem de acordo com o Espírito de Deus têm a sua mente controlada pelo Espírito. As pessoas que têm a *mente* controlada pela natureza humana acabarão morrendo espiritualmente; mas as que têm a *mente* controlada pelo Espírito de Deus terão vida eterna e paz" (Romanos 8:5-6 NTLH).
- "Porque Deus não nos tem dado espírito de covardia, mas de poder, de amor e de moderação" (2Timóteo 1:7).

---

* Bíblia Sagrada NTLH-Nova Tradução na Linguagem de Hoje: Com notas e referências cruzadas. Tradução: Comissão de Tradução da Sociedade Bíblica do Brasil. São Paulo: Sociedade Bíblica do Brasil, 2010.

** Bíblia Almeida Revista e Corrigida. Tradução: João Ferreira de Almeida. Barueri: Sociedade Bíblica do Brasil, 1995.

*** Bíblia Sagrada King James Atualizada: KJA 400 anos. Tradução: Comitê Internacional e Permanente de Tradução e Revisão da Bíblia King James Atualizada (KJA), coordenado pela Sociedade Bíblica Ibero-Americana e Abba Press Editorial no Brasil. São Paulo: Abba Press & SBI, 2012.

- "Portanto, preparem sua mente para a ação e exercitem o autocontrole. Depositem toda a sua esperança na graça que receberão quando Jesus Cristo for revelado" (1Pedro 1:13 NVT*).
- E Romanos 12:2 nos diz para sermos transformados pela renovação de nossas *mentes*.

A forma mais simples de implementarmos esses preceitos é gravando a Palavra de Deus nos outdoors de nossas psiques. Pense na mão misteriosa que escreveu aquela mensagem terrível de condenação e destruição nas paredes do palácio de Belsazar no Capítulo 5 do livro de Daniel. A mesma pode escrever uma mensagem positiva, cheia de esperança, nas paredes de nosso intelecto sempre que decoramos as Escrituras.

O apóstolo Paulo nos disse em Colossenses 3:16 para deixarmos que a Palavra de Deus nos habite ricamente; e, no Velho Testamento, o Senhor prometeu: "Porque esta é a aliança que firmarei com a casa de Israel, depois daqueles dias, diz o Senhor: Na mente, lhes imprimirei as minhas leis, também no coração lhas inscreverei; eu serei o seu Deus, e eles serão o meu povo" (Jeremias 31:33).

Veja esta passagem de Deuteronômio 6:4-7: "Ouve, Israel, o Senhor, nosso Deus, é o único Senhor. Amarás, pois, o Senhor, teu Deus, de todo o teu coração, de toda a tua alma e de toda a tua força. Estas palavras que, hoje, te ordeno estarão no teu coração; tu as inculcarás a teus filhos."

Deuteronômio 11:18 diz: "Ponde, pois, estas minhas palavras no vosso coração e na vossa alma." E, em Salmos 119:11, encontramos: "Guardo no coração as tuas palavras, para não pecar contra ti."

---

* Bíblia Sagrada, Nova Versão Transformadora. Tradução: Comitê de Tradução da Mundo Cristão. São Paulo: Mundo Cristão, 2016.

A memorização torna possível manter nosso equilíbrio mental e nossa vitalidade espiritual. Podemos ver as Escrituras em nossas mentes, imaginar as cenas narradas, ouvir suas palavras como se fossem ditas diretamente para nós, rolando-as em nossa mente como pedras em uma máquina lapidária. Somos transportados a campos verdes, lagoas, tempestades na Galileia, colinas judaicas, celas romanas, ruas douradas e ao próprio trono de Deus.

Quando você memoriza textos bíblicos, está enquadrando os versículos e os pendurando nas paredes de sua galeria interna. E vai descobrir, conforme os observa, que você sempre está nos quadros.

Certa noite, eu estava preocupado com alguém que eu amo. Com o tempo me dei conta de que precisava dormir um pouco, já que passar a noite acordado não ia ajudar em nada; apenas me deixaria exausto no dia seguinte, quando eu precisaria de energia para lidar com a situação. Eu não consegui relaxar na cama, mas achei que talvez conseguisse descansar no sofá se fosse pelo menos capaz de encurralar meus pensamentos acelerados. Mas minha mente não queria colaborar, ficava imaginando o pior e visualizando cada terrível cenário. Finalmente, decidi lidar com meus pensamentos e forçá-los em outra direção. Jogado no sofá, eu comecei a repetir o salmo 23, que eu havia memorizado muitos anos antes:

> O Senhor é o meu pastor; nada me faltará. Ele me faz repousar em pastos verdejantes. Leva-me para junto das águas de descanso; refrigera-me a alma. Guia-me pelas veredas da justiça por amor do seu nome. Ainda que eu ande pelo vale da sombra da morte, não temerei mal nenhum, porque tu estás comigo.

Ao terminar, eu começava de novo. Minha mente começou a visualizar campos verdejantes, a ver e sentir o Bom Pastor, a perceber Sua presença no vale da sombra, a afirmar Suas promessas de bondade e misericórdia.

Conforme minha mente relaxava, meu corpo fazia o mesmo. E, assim, consegui adormecer.

E se eu nunca tivesse conhecido o salmo 23, pensei depois. E se ninguém tivesse me orientado a memorizar aquelas palavras quando eu estava na segunda série? O que eu teria feito? Onde teria buscado ajuda?

Muitas pessoas já me disseram que experimentaram a mesma paz ao contemplar o capítulo palavra por palavra; e hoje mesmo eu li no jornal sobre um homem que, durante um período de grande dificuldade, o recitou para si mesmo cem vezes em um único dia.

O dr. Martin Seligman, da Universidade da Pensilvânia, talvez seja o principal especialista em otimismo e motivação do mundo. Em seu livro inovador *Aprenda a ser otimista: Como mudar sua mente e sua vida*, ele sugere que a depressão é principalmente o resultado de uma forma errada de conduzir os pensamentos. Seligman escreve: "Depressão... é causada por pensamentos negativos conscientes. Não existe transtorno subjacente a ser extirpado: não são traumas na infância, não é nossa raiva inconsciente, não é nem nossa química cerebral. A emoção vem do que pensamos: pense que está em perigo e você sentirá angústia. Pense que 'estão violando seus direitos' e você sentirá raiva. Pense em perder algo ou alguém e você sentirá tristeza... Se mudarmos o jeito de pensar dos pacientes, curaremos a depressão."[5]

A memorização das Escrituras é nossa mais poderosa ferramenta para mudar nossos hábitos de pensamento, e internalizar as verdades da Palavra de Deus nos mantém mentalmente saudáveis. É meu grande segredo para resiliência. É um hábito que molda como pensamos e, assim, como construímos nossa vida. Porque como imaginamos em nossas almas, assim somos.

Se nossas "pequenas células cinzentas" são uma parte tão importante de quem somos, e as Escrituras Sagradas são os pensamentos do Próprio Deus, então versículos bíblicos são o conhecimento mais curativo, esclarecedor, fortalecedor e edificante que poderíamos adquirir. O poder das Escrituras é diferente de qualquer outra coisa. É uma força com a qual contar, que contém poder intrínseco, transcendente o suficiente para nos trazer percepção e clareza, profunda o suficiente para nos dar paz, ampla o suficiente para moldar nossas personalidades e forte o suficiente para nos ajudar a atravessar os dias mais difíceis.

Alguém me disse uma vez que memorizar as Escrituras acelera o processo de transformação em nossa vida. É como um aditivo especial que aumenta exponencialmente a eficiência da santificação. Ao internalizar versículos, estamos incutindo os pensamentos de Deus direto em nossa lógica consciente, subconsciente e inconsciente.

Não sei você, mas isso é algo de que preciso constantemente.

A tua lei está dentro do meu coração.

(Salmo 40:8)

CAPÍTULO 5

Colocando as Escrituras em prática

Uma noite, há muitos anos, passei a madrugada absorto em um livro que eu havia comprado em uma venda de garagem. *In the Presence of Mine Enemies* [Na presença dos meus inimigos, em tradução livre] eram as memórias do prisioneiro da guerra do Vietnã, Howard Rutledge, que havia sido atingido pela munição dos vietnamitas no norte do país em 28 de novembro de 1965. Quando seu avião foi atingido, Howard foi resgatado, mas pousou em um lamaçal perto de um vilarejo e logo se viu rodeado por uma multidão portando facas, machados e lanças. Cercando-o, a multidão impediu que ele escapasse, se lançando sobre ele, atingindo-o com pancadas, arrancando suas roupas e o arrastando para a pequena cadeia do lugar, quase morto. Logo depois, Howard foi transportado para o infame Hanoi Hilton, onde foi brutalmente interrogado e torturado.

Howard descreve como, nas primeiras partes da tortura, suas pernas foram presas em correntes e os braços puxados para trás e presos a elas, em uma posição excruciante. Sem roupas, comida e privado de uma noite de sono, ele era forçado a deitar no cimento frio de uma cela imunda. As paredes e o piso estavam cobertos de sujeira e um grande rato também ocupava o lugar.

Até ser encarcerado Howard se preocupava muito pouco com coisas espirituais, mas agora ele tentava desesperadamente relembrar trechos de versículos bíblicos, hinos ou sermões que ouvira durante a infância. Por sorte, quando mais novo, ele frequentara uma igreja em Tulsa, Oklahoma, onde havia uma escola dominical que enfatizava a importância de memorizar as Escrituras. Enquanto encarcerado, ele vasculhava a mente em busca de cada verso que pudesse encontrar. Durante os raros momentos em que podia interagir com outros prisioneiros, ele os encontrou buscando a mesma coisa.

"Todo mundo conhecia a oração do Pai Nosso e o salmo 23", disse ele, "mas o trecho favorito no campo, o primeiro de que se lembravam e o mais citado era encontrado no terceiro capítulo de João, versículo 16: 'Porque Deus amou ao mundo de tal maneira que deu o seu Filho unigênito, para que todo aquele que nele crê não pereça, mas tenha a vida eterna.'"

Com a ajuda de um amigo, Howard até mesmo conseguiu reconstruir os versículos 17 e 18.

"Como eu tive dificuldades em lembrar aqueles versículos e hinos. Eu tinha passado meus primeiros 18 anos em uma escola dominical de uma igreja batista, e fiquei surpreso com quantos eu conseguia me lembrar. Infelizmente, eu não havia percebido a importância de memorizar versículos da Bíblia... Então, quando precisei deles, era tarde demais. Eu nunca imaginei que passaria quase sete anos (cinco deles em uma solitária) em uma prisão no norte do Vietnã ou que recitar passagens bíblicas memorizadas poderia tornar seu dia suportável. Um trecho de versículo de que eu me lembrava era: 'Guardo no coração as Tuas palavras.' Quantas vezes desejei que eu tivesse realmente me esforçado para guardar a Palavra de Deus em meu coração. Foi então que coloquei minha mente para trabalhar", escreveu Howard.

Em suas memórias, Howard descreve dias e noites de torturas que fizeram eu me arrepiar enquanto lia; mas ele também testemunha ser capaz, conforme o tempo passava, de recuperar mais e mais versículos bíblicos dos confins de sua mente. O que reunira não eram as palavras exatas, mas ele ficou maravilhado com quantas frases e trechos da Bíblia jaziam enterrados profundamente em sua memória, esperando para serem lembrados.

Aqueles versículos literalmente impediram que Howard Rutledge enlouquecesse. Os pequenos trechos das Escrituras armazenados em seu cérebro eram poderosos. Eles o ajudaram a enfrentar a morte, reanimaram seu espírito, fortaleceram seus nervos e o colocaram em contato com a força mais poderosa do universo. Combateram a tortura, sufocaram o desespero, subjugaram os terrores que Howard sentia e mantiveram sua sanidade mesmo quando ele ficou imobilizado por dias em uma cabana sufocante, acorrentado a uma grade de metal, deitado em seus próprios dejetos e coberto por formigas, moscas e outros insetos que o picavam.

Os trechos, há muito decorados, se mostraram mais eficazes do que qualquer remédio. Eles lhe davam força e eram suficientes para a dor; reforçaram sua mente e sua moral com os pensamentos fortes de um Deus onisciente em meio aos delírios mais sádicos da humanidade. Eles são a razão pela qual Howard voltou para casa vivo.

"No primeiro Ano-Novo depois de todo o trauma", escreve Howard, "eu decidi nunca mais me afastar de uma Bíblia. Aqueles versículos da Palavra de Deus que eu havia memorizado ou coletado das memórias de outros prisioneiros tinham sido uma fonte viva de força em minha vida".[6]

A maioria de nós nunca vai acabar presa em um campo de prisioneiros de guerra, mas todos nós ocasionalmente experimentamos sofrimento. A vida é difícil, cheia de momentos angustiantes e tentações perigosas. Precisamos ter uma mente forte — cérebros que pensem com clareza, emoções que se mantenham calmas e controladas.

Versículos bíblicos, guardados em nossa memória e ministrados pelo Espírito Santo, são a medicação mais poderosa em todo o mundo. Eles são um bálsamo para corações doloridos, um elixir para espíritos desanimados, um animador para dias sombrios e um encorajador para a positividade.

Quantos versículos bíblicos você conseguiria reconstruir com base na memória se a situação ficasse tensa? E quanto aos seus filhos? Estão eles guardando a Palavra de Deus em seus corações, armazenando o precioso alimento das Escrituras em caso de escassez? Seus adolescentes conhecem os versículos bíblicos dos quais vão precisar para resistir às tentações que enfrentarão?

A Bíblia foi escrita para ser memorizada. Veja o salmo 25, por exemplo. Se você abrir sua Bíblia, vai ver que tem 22 versículos. O alfabeto hebraico tem 22 letras. Então, quando achamos uma passagem como essa, com 22 versículos, é um provável acróstico, ou seja, há uma lógica por trás da organização. No original, em hebraico, por exemplo, o versículo 1 começa com o equivalente hebraico de nossa letra *A*, o versículo 2, com o equivalente hebraico de nossa letra *B*, e assim por diante.

Por que isso é importante? Era um mnemônico, uma ferramenta para ajudar na memorização. Esse salmo foi pensado para ser memorizado. Sua mensagem é tão importante que o escritor quis fazer com que ele fosse fácil de ser lembrado.

O capítulo mais longo da Bíblia, o salmo 119, é, na verdade, composto por 22 segmentos organizados como um longo acróstico. A passagem sobre a mulher virtuosa em Provérbios 31 também tem 22 segmentos.

Em outras palavras: foram criados para serem memorizados. Nos dias anteriores à imprensa, muitas pessoas não tinham acesso ao seu próprio exemplar da Bíblia, então elas memorizavam grandes trechos da Palavra de Deus. Quão trágico é que, agora, com todas as versões modernas e traduções, estejamos memorizando-a cada vez menos, se é que estamos.

Mas lembre-se de que, sempre que armazenamos um versículo em nossa mente, ele se torna uma arma oculta. É uma luz, uma lâmpada, um cofre de ouro, uma colmeia cheia de mel, uma espada de dois gumes. Disponível dia e noite para ser utilizado. Nos ajuda a ponderarmos atentamente nossos pensamentos, a mantê-los cativos em Cristo, e fazemos isso por meio de sua gloriosa Palavra.

Considerai atentamente o Apóstolo e
Sumo Sacerdote da nossa confissão, Jesus.
(Hebreus 3:1)

CAPÍTULO 6

O PONTO DE PARTIDA: FOCANDO AS ESCRITURAS

Hans Hugenberg se considerava o mais criativo horticultor e paisagista da Itália. Seus jardins clássicos embelezavam algumas das propriedades mais exclusivas do país e por duas décadas ele serviu como consultor privado para o governo italiano, dando orientações caríssimas em tudo, desde o design de parques nacionais até o projeto de residências oficiais.

Hans tinha um estilo digno de prêmios que era único na Europa. Seus jardins se abriam em padrões regulares e simétricos, mas ainda tinham detalhes e escolhas que eram distintivas de seu trabalho. Ele misturava luz solar com sombras e coberturas, lagoas profundas com canteiros em declive e caramanchões em túnel, linhas retas e caminhos curvados, além de degraus curiosos.

Ele era um mestre com um único arrependimento. Hans não tinha seu próprio jardim. Ele cuidava dos jardins da nação, mas vivia em um apartamento sem quintal, já que viajava, jogava, bebia muito, e, no geral, estava sempre demasiado ocupado para qualquer coisa além de um *flat* de seis quartos em Milão.

Então, aos 49 anos, Hans se aposentou para se tornar um homem que se dedicava ao lazer e comprou sua própria *villa* a 43 quilômetros de Roma. Era um pequeno *palazzo* perto de uma rodovia secundária, com um jardim pitoresco nos fundos, tomado pelo mato, cheio de roedores e infestado de ervas daninhas. O local fora abandonado e precisava do toque de um mestre.

Hans sabia o que fazer. O jardim precisava de um ponto focal, uma peça central. Ele viajou para Nápoles, Florença e Turim, visitando os muitos escultores que mais admirava. Finalmente, em Veneza, no ateliê de seu amigo Francesco, Hans achou o que procurava. Era uma estátua de três metros de Jesus Cristo no momento de sua ascensão. As mãos de Cristo estavam erguidas abençoando os observadores, apenas as pontas de seus pés tocavam o chão, como se ele estivesse deixando o mundo, mas seus olhos estavam voltados para baixo, como se estivesse olhando amorosamente para os discípulos que deixava para trás.

Hans transportou a peça para seu jardim, onde limpou os detritos, preparou uma base e instalou a estátua bem no centro. Cada planta, cada passeio, cada lago foi planejado de acordo com a simetria em que ficava com a estátua de Cristo. Cada árvore e flor foram selecionadas para manter a proporção e a uniformidade criada pela obra. As linhas e o gramado guiavam os olhos para as mãos erguidas e o olhar baixo de Cristo. As ervas daninhas foram arrancadas, os ratos expulsos — tudo sob o olhar central de Cristo.

Jesus Cristo era a peça central ao redor da qual o jardim foi cultivado.[7]

Essa também é a chave para nossos jardins mentais. Se deixada à própria vontade, nossa mentalidade é tomada pelas ervas daninhas e infestada por roedores. Sem Cristo, nossos pensamentos tendem para o mal, repleto de imaginações impuras, condutas erradas e motivações enganosas. Mas, quando entregamos o controle de nossa vida a Cristo, Ele começa a transformar nossas mentes e cultivar santidade e felicidade. Nossas mentes se tornam Seu jardim, centrado n'Ele e semeado pelos bulbos da Bíblia e pelas sementes das Escrituras.

Afinal de contas, o cérebro humano é indiscutivelmente o ápice da criação de Deus, a mais incrível invenção de Seu universo. É um fabuloso supercomputador vivo com uma rede de circuitos incomensurável e uma complexidade inimaginável, uma coleção de bilhões de neurônios, cada um deles tão complexo quanto um pequeno computador — é como ter cem bilhões de computadores dentro de seu crânio. E todos eles estão interconectados. Um cientista uma vez disse que o número de conexões dentro de um cérebro humano se compara ao número de estrelas e galáxias em todo o universo.

Eu fico imaginando se algumas dessas conexões não entram em curto-circuito de vez em quando, no meu caso. Eu me sinto confuso, tomo decisões erradas, esqueço compromissos importantes, dou conselhos tolos, e deixo influências impuras ou desencorajadoras se infiltrarem. Nossos pensamentos nos colocam em mais encrencas do que uma legião de demônios. Sempre que dizemos a coisa errada, cedemos a tentações ou reagimos de forma equivocada, o ponto de partida é o cérebro. A própria mente é o campo de batalha da alma, e nossos pensamentos algumas vezes se dessintonizam.

Há algumas maneiras de organizar nossos pensamentos quando eles precisam de ajustes.

Hebreus 3:1 diz: "Considerai atentamente o Apóstolo e Sumo Sacerdote da nossa confissão, Jesus." E Filipenses 4:8 diz: "Tudo o que é verdadeiro, tudo o que é respeitável, tudo o que é justo, tudo o que é puro, tudo o que é amável, tudo o que é de boa fama, se alguma virtude há e se algum louvor existe, seja isso o que ocupe o vosso pensamento."

A memorização das Escrituras e a meditação é a chave para uma mente saudável para aqueles que dedicam suas vidas a Jesus Cristo e focam seus pensamentos n'Ele. A Bíblia Sagrada não é apenas um ótimo livro; está em uma classificação à parte: um livro de autoria do Deus Criador, escrito por meio de seres humanos que foram inspirados pelo Espírito Santo no processo.

A dupla autoria da Bíblia é única na história da literatura. Toda a suposição do cristianismo está baseada na ideia de que há um Deus, de que Ele nos criou, que Ele nos ama, que Ele se importa com nossa vida e de que Ele é capaz de se comunicar conosco, que fez isso por meio de um método tão extraordinário, e ainda assim tão simples, que apenas o próprio Deus poderia ter concebido. Ele escolheu por volta de quarenta seres humanos que viveram em um período de mais ou menos 1.500 anos, e supervisionou as frases que escreveram, todas as sílabas — e fez isso sem esvaziá-los de seus intelectos, suas personalidades e suas circunstâncias.

Assim podemos dizer que cada palavra na Bíblia é de autoria humana, mas todas elas são divinamente inspiradas. Sua autoria celestial lhe concede uma autoridade transcendente e atemporal e sua origem humana toca nossa vida de forma pontual e tangível.

Versículos bíblicos são poderosas doses de verdade que inserem a sabedoria divina em nossa razão. Eles convertem nossa alma, dão sabedoria aos humildes, alegram o coração e iluminam os olhos (Salmos 19:7-9). A Palavra de Deus é útil para o ensino, para a repreensão, para a correção, nos habilitando para toda boa obra (2Timóteo 3:16-17). Ela preenche nossa mente com o tipo de realidade que produz prosperidade e nos faz ser bem-sucedidos (Josué 1:8; Salmos 1:1-3). Versículos bíblicos são nossos conselheiros e nosso regozijo, prontos para nos vivificar quando estamos desfalecendo, nos guiar quando estamos confusos e nos fortalecer quando estamos fracos (Salmos 119:24-28).

Eles são nosso consolo na angústia (Salmos 119:50), o motivo dos nossos cânticos (Salmos 119:54), nosso tesouro mais valioso; pois, quando lemos e estudamos a Palavra de Deus, estamos cultivando um relacionamento com Ele, que nos fez, que nos amou, que entregou a Si mesmo no Calvário e ressuscitou para que herdássemos a ter vida eterna. Conforme estudamos a Palavra de Deus, estamos ouvindo-O, conversando com Ele face a face, como com um amigo.

Salmos 37:3 nos diz "alimenta-te da verdade", e, quando inscrevemos a Palavra de Deus nas tábuas de nosso coração, somos capazes de fazer isso nos doces pastos de Sua verdade. A Bíblia se torna portátil e nós podemos levá-la a qualquer lugar que possamos levar nossas mentes, nossos cérebros, nossos pensamentos.

Bob Foster chama a memorização das Escrituras de "hábito diário de abastecer o subconsciente com material de Deus sobre o qual meditar".[8] Versículos bíblicos específicos são sementes que produzem frutos. Eles germinam rápido e quase imediatamente começam a melhorar a qualidade da alma. Ao memorizar os 100 versículos que sugerimos neste livro, você vai experimentar imediatamente sete benefícios surpreendentes que vão mudar sua vida. Memorizar as Escrituras nos dá:

1. pensamentos mais elucidados;
2. um temperamento mais estável;
3. emoções mais saudáveis;
4. hábitos mais puros;
5. lares mais felizes;
6. mais respeito;
7. otimismo eterno.

Será que não vale a pena gastar cinco minutos do seu dia para conseguir tudo isso?

O homem bom tira do tesouro bom coisas boas.

(Mateus 12:35)

CAPÍTULO 7

Sete benefícios imediatos da memorização das Escrituras Parte 1

Uma mulher capturada durante a Segunda Guerra Mundial em meio aos conflitos situados na região do Oceano Pacífico foi mantida prisioneira pelos japoneses na China e enviada a um campo de concentração onde exemplares da Bíblia eram proibidos, e, se encontrados, o detentor era punido com a morte. De alguma forma, porém, ela conseguiu uma pequena cópia do Evangelho de João, e, toda noite, sob as cobertas, usando uma pequena lanterna, ela memorizava o livro. Toda vez que o fazia, a mulher arrancava a página, levava-a consigo até a torneira, a dissolvia com sabão e a jogava pelo ralo. Sobre isso, ela disse mais tarde: "João e eu nos separávamos."

Um pouco antes de os prisioneiros serem libertados, um repórter da revista *Time* entrou no campo de concentração para entrevistar alguns deles. Mais tarde, esse repórter estava parado nos portões quando os prisioneiros passaram por eles. A maioria deles se arrastava, olhos no chão, parecendo zumbis. Mas uma pequena senhora, por outro lado, estava totalmente radiante.

"Será que eles conseguiram fazer lavagem cerebral nela?", perguntou alguém.

"Não", respondeu o repórter. "Deus lavou o cérebro dela."[9]

O repórter estava simplesmente apontando para o que Jesus disse pouco antes de ser capturado pelos soldados romanos que o crucificaram. Em sua oração sacerdotal final em João 17:17, Ele orou por seus discípulos dizendo: "Santifica-os na verdade; a Tua palavra é a verdade." "Santificar" significa "torná-los seu povo feliz, sagrado e consagrado a Ti, Seus representantes no mundo". É a Palavra — a Verdade — que torna isso possível, conforme a ouvimos, aprendemos, acreditamos nela e prestamos atenção ao que diz.

Memorizar as Escrituras faz com que tenhamos pensamentos lúcidos. A Escritura internalizada mantém nossa mente trabalhando em ordem. John Ruskin, o brilhante crítico social britânico cujas opiniões sobre arte e arquitetura foram muito influentes durante as eras Vitoriana e Eduardiana da história inglesa, atesta isso. Ruskin era um autor, poeta e pensador criativo; hoje, a Ruskin College, em Oxford, é batizada em sua homenagem. Leo Tolstói o descreveu como "um desses raros homens que pensam com o coração".

Quando pequeno, sua mãe insistiu que ele memorizasse 17 diferentes capítulos da Bíblia, cada palavra, seis deles do Velho Testamento. Ela também acrescentou oito salmos.

Quando tinha 55 anos, Ruskin disse que memorizar esses capítulos havia "estabelecido sua alma na vida". Ele disse que apesar de depois disso ter aprendido muitas coisas de muitos professores, a "instalação" da Bíblia em seu cérebro se tornou "a mais preciosa e essencial parte de toda a sua educação. Já que os capítulos se tornaram realmente determinantes e produtivos em sua forma de pensar".[10]

Toda verdade é a verdade de Deus, mas as Escrituras são Sua verdade *revelada* e oferecem uma base intelectual para todo o resto. Elas fornecem as estruturas históricas, filosóficas, teológicas e psicológicas através das quais outros fatos se tornarão coesos. Revelam a sabedoria de Deus sobre tudo, desde a nossa vida diária até a vida eterna. Sem a gravação das Escrituras em nossa mente, nosso cérebro acaba preenchido pelas reclamações e pelos delírios de um intelecto confuso.

No início de Seu ministério, quando enfrentou a tentação de Satanás no deserto, Jesus citou versículos que havia aprendido do Velho Testamento. Durante todo o Seu ministério, Jesus recitou extensivamente as Escrituras hebraicas. E, no fim, nos momentos mais horríveis, angustiantes e dolorosos de sua vida, Jesus novamente citou as Escrituras do Velho Testamento que havia memorizado, como: "Nas tuas mãos entrego o meu espírito" (Lucas 23:46) e "Deus meu, Deus meu, por que me desamparaste?" (Mateus 27:46). Essas são citações diretas dos salmos 31 e 22. Nosso Senhor estava citando Escrituras que havia memorizado na cruz, tornando as orações do salmista Davi suas próprias orações.

Se versículos bíblicos decorados fizeram com que Jesus pensasse claramente durante seis torturantes horas na cruz, pense em como podem nos ajudar a atravessar o estresse e a tensão de cada dia. Quando relembramos as Escrituras, elas se tornam desinfetantes do cérebro, lavando nossas mentes em um banho de glória.

Memorizar as Escrituras faz com que tenhamos um temperamento mais calmo. Versículos bíblicos específicos armazenados em nossa mente servem como amortecedores da vida, nos dando um temperamento e ânimos mais calmos.

Enquanto estou preparando este capítulo, estou batalhando com uma grande decepção na minha própria vida, uma que eu não esperava ter de enfrentar. Mas o Senhor me deu um versículo para memorizar, e eu o colei no painel do meu carro. Como entro e saio dele várias vezes por dia, vejo as palavras com frequência. Até mesmo criei uma música para me lembrar dele. Esse versículo, agora tão precioso para mim, é Efésios 1:11: "Nele, digo, no qual fomos também feitos herança, predestinados segundo o propósito daquele que faz todas as coisas conforme o conselho da sua vontade." Esse versículo, me parece, reflete aquilo que é repetido em Romanos 8:28 ("Sabemos que todas as coisas cooperam para o bem daqueles que amam a Deus"), só que em uma perspectiva "de cima".

Romanos 8:28 é de ponto de vista de baixo, nos diz que tudo aqui na Terra coopera para o nosso bem. Efésios 1:11 é da perspectiva divina, nos dizendo que todas as coisas cooperam juntas em conformidade com o propósito de Sua vontade para que possamos glorificá-lo.

Eu não acho que vou esquecer a semana em que esse capítulo foi escrito, essa mágoa inesperada e minha descoberta maravilhosa de Efésios 1:11, que vou guardar para sempre.

Algum tempo atrás, eu li a história de Dwayne e Bonnie Wheat, cujas vidas mudaram para sempre em 22 de fevereiro de 1991, quando um policial os acordou de madrugada com a trágica notícia de que sua filha, Charla, havia sido assassinada. Bonnie mais tarde testemunhou que foi o poder das Escrituras memorizadas que impediu que ela enlouquecesse nos dias que se seguiram. "Durante aqueles dias, eu não era capaz de ler a Bíblia e focá-la por tempo suficiente para que algo fizesse sentido", disse ela, "mas foi a Palavra de Deus que já estava em meu coração que me consolou. E eu sou tão grata por isso. Eram coisas como 'Aquietai-vos e sabei que eu sou Deus' e 'Tu, Senhor, conservarás em perfeita paz aquele cujo propósito é firme; porque ele confia em ti'. Deus usou aqueles versículos para me mostrar que precisávamos apenas no aquietar e deixar Deus ser Deus."[11]

Se você quer um temperamento mais ameno, aprenda sobre o poder de inscrever em seu coração os versículos que Deus nos dá em momentos de necessidade. "Pois tudo quanto, outrora, foi escrito para o nosso ensino foi escrito, a fim de que, pela paciência e pela consolação das Escrituras, tenhamos esperança. Ora, o Deus da paciência e da consolação vos conceda o mesmo sentir de uns para com os outros, segundo Cristo Jesus" (Romanos 15:4-5).

Todo escriba versado no reino dos céus é semelhante a um pai de família que tira do seu depósito coisas novas e coisas velhas.

(Mateus 13:52)

CAPÍTULO 8

SETE BENEFÍCIOS IMEDIATOS DA MEMORIZAÇÃO DAS ESCRITURAS PARTE 2

Ainda há mais.

A memorização das Escrituras também nos dá emoções mais saudáveis. Estou convencido de que pequenas cápsulas bíblicas (versículos memorizados) são o melhor remédio para a saúde emocional em longo prazo. Como a maioria das pessoas, eu tive problemas com meu temperamento no passado, mas nenhuma técnica de controle da raiva é tão poderosa quanto memorizar versículos como Provérbios 29:11: "O insensato expande toda a sua ira, mas o sábio afinal lha reprime."

Se você batalha com a depressão, vai encontrar um antídoto potente em memorizar os versículos do salmo 42 ou os iniciais do salmo 103. Se você é ansioso, internalize Filipenses 4:6-7. Se você tem problemas de autoestima, coloque Romanos 12:1-8 em sua cabeça. Se você é difícil de conviver, irritável e impessoal, memorize Romanos 12:17-21. Se você tem dificuldades com disciplina e autocontrole, um monte de versículos de Provérbios está esperando ser semeado em sua mente. Se sofre com a culpa, leia João 1:7-9 e o repita para si até que adentre em seu pensamento e transforme o âmago do seu coração.

As verdades difíceis de Deus vão permitir que você seja perspicaz mesmo em momentos de crise. Sete anos antes, na Suécia, encontrei um livro em inglês que narra uma das histórias mais envolventes que já li: *Evidence Not Seen: One Woman's Faith in a Japanese POW Camp* [Evidência não encontrada: a fé de uma mulher em um campo de presos de guerra, em tradução livre]. A autora, Darlene Deibler Rose, foi capturada na Ásia pelos japoneses na Segunda Guerra Mundial como a mulher que mencionei anteriormente; e suas experiências também foram totalmente devastadoras. Ela foi para o campo de prisioneiros de guerra com sua Bíblia, mas os guardas a tomaram; entretanto, eles não podiam remover as Escrituras que ela havia memorizado.

"Eu passava muito tempo recitando as Escrituras", escreve Darlene. "Quando criança e na juventude, eu tinha uma compulsão enorme por memorizar a Palavra escrita. Naquela cela, eu fiquei grata por todos aqueles dias passados na Escola Bíblica de Férias, onde eu havia memorizado muitos versículos avulsos, capítulos inteiros, o livro de Salmos, bem como trechos inteiros da Bíblia. Revisitei as Escrituras com frequência nos anos que se seguiram. O Senhor me alimentou com Pão Vivo que havia sido armazenado quando o suprimento foi cortado pela perda da minha Bíblia. Ele me trouxe conforto diário e encorajamento — e, sim, alegria — para o meu coração por meio do conhecimento da Palavra."

Darlene continua: "Paulo, o apóstolo, escreveu que foi por meio das Escrituras que ele teve esperança e firmeza de coração para acreditar em Deus. Eu nunca havia precisado tanto das Escrituras quanto naqueles meses no corredor da morte, mas como muito de Sua Palavra estava inscrita em meu coração, a tomada de minha Bíblia não foi a punição que os Kempeitai acharam que seria."[12]

No livro *Who's in Charge?* [Quem está no comando?, em tradução literal], o pastor Ben Patterson declara que memorizar trechos selecionados das Escrituras o ajudou a se manter mentalmente saudável em meio aos rigores da crítica no ministério. Ele disse: "Quando eu era jovem, nunca ganhei nenhum prêmio dos concursos de memorização das Escrituras da escola dominical. Outra pessoa sempre saía pedalando o prêmio. Mas, nos últimos três anos, eu tenho descoberto que as Escrituras podem dar voz a coisas que eu não sei expressar. Elas acalmam as inquietudes dentro de mim e trazem a verdadeira cura para minha alma.

"Um verão, eu decorei o capítulo 12 de Hebreus. Na época, parecia um texto autobiográfico: correr a carreira que nos está proposta, relembrar Jesus, que suportou a cruz, que não deixou de ser bom frente à humilhação. O capítulo me lembrava de que a dor é a disciplina que Deus usa em minha vida: eu estava em treinamento, o sofrimento causado pelo criticismo era meu técnico."[13]

Versículos bíblicos, bem memorizados, são capazes de estabilizar nosso temperamento, fortalecer nossas atitudes e capazes de aprimorar nossas emoções.

A memorização das Escrituras também nos faz ter hábitos mais puros. A prática de memorizar e meditar sobre a Bíblia é a principal forma de acelerar o crescimento espiritual. Ela acelera o processo de transformação e leva a hábitos mais sagrados. Afinal, maturidade espiritual é simplesmente pensar mais como Deus pensa; então, quando implantamos Seus pensamentos em nossas mentes e quando usamos o processo de meditação para transformar esses versículos em padrões de pensamento regulares, estamos desenvolvendo o mesmo sentimento que houve também em Cristo Jesus (Filipenses 2:5), promovendo pensamentos maduros, hábitos puros, vidas mais sagradas. O salmista disse: "Guardo no coração as tuas palavras, para não pecar contra ti" (Salmos 119:11).

Quando John Crawford estava na marinha, um dos jogos a bordo era a aposta da âncora. Cada marinheiro participante depositava seu dinheiro e tentava chutar a que horas eles iam baixar a âncora. A hora exata era registrada no histórico do navio, e aquele com o chute mais próximo ficava com o dinheiro. Parecia um jogo inocente, e os outros marinheiros encorajaram John a participar. Era tentador, e ele queria demonstrar espírito esportivo. Mas Crawford também sabia que queria seu dinheiro e que apostar não era um hábito que desejava adquirir.

Conforme a tentação se intensificava, John decidiu se fortalecer com versículos decorados das Escrituras. Ele escolheu Provérbios 13:11: "Os bens que facilmente se ganham, esses diminuem, mas o que ajunta à força do trabalho terá aumento", e Provérbios 23:5: "Porventura, fitarás os olhos naquilo que não é nada? Pois, certamente, a riqueza fará para si asas, como a águia que voa pelos céus".

Não apenas esses versículos fortificaram John contra as tentações do momento, como permitiram que ele estabelecesse padrões para a vida inteira a respeito de integridade, honestidade e o papel do dinheiro em sua vida.[14]

Eu penso na memorização das Escrituras como um detergente divino no cérebro, constantemente lavando minha mente e limpando e clarificando meus pensamentos.

O salmista disse: "Guardo no coração as tuas palavras, para não pecar contra ti" (Salmos 119:11). Nenhuma tentação surgirá que não tenha um versículo bíblico especificamente escrito para combatê-la. Deus tem nos dados textos a respeito de todas elas e de todos os pecados. Se estamos batalhando contra a depressão, temos o salmo 42. Se temos problemas com o materialismo e a ganância, temos 1Timóteo 6. Se o pecado lhe assediando é uma boca impura e raiva, temos Efésios 4. Se é luxúria, pornografia ou imoralidade, aprenda a primeira parte de Efésios 5.

A Bíblia é uma arma de ataque, é a espada do Espírito. Ao citar textos do Velho Testamento que havia memorizado, Jesus abateu cada tentação que Satanás lançou sobre ele no Monte das Tentações. E nós podemos fazer o mesmo. Descubra seus pontos fracos e procure por versículos para combater essas dificuldades. Memorize-os diligentemente; e você vai descobrir, nas palavras de um velho evangelizador, que o pecado vai afastá-lo da Bíblia, ou a Bíblia vai afastá-lo do pecado.

"No coração, tem ele a lei do seu Deus", diz Salmos 37:31, "os seus passos não vacilarão."

Escreve-as na tábua do teu coração.

(Provérbios 3:3)

CAPÍTULO 9

Sete benefícios imediatos da memorização das Escrituras Parte 3

O governo da Noruega anunciou recentemente a construção de um enorme cofre para o fim dos tempos no Ártico, uma espécie de "Arca de Noé" para sementes, no caso de uma catástrofe global destruir toda a vegetação da Terra. A pedra angular para o Svalbard Global Seed Vault foi depositada perto da cidade de Longyearbyen, a quase mil quilômetros do Polo Norte, com a presença dos primeiros-ministros da Noruega, Suécia, Dinamarca, Finlândia e Islândia. O cofre foi projetado para armazenar até três milhões de sementes vegetais, que serão embaladas em papel-alumínio e mantidas em baixas temperaturas. Pesquisadores alegam que as sementes podem durar centenas, até milhares, de anos.

Nossas mentes são cofres especialmente projetados para armazenar as sementes da Palavra de Deus. Não sabemos quando vamos ser atingidos por uma catástrofe, teremos que enfrentar um problema impressionante ou o desafio de um inimigo terrível. Não sabemos o que nossos filhos vão encontrar durante a jornada de suas vidas, mas sabemos que as sementes das Escrituras são tesouros valiosos em tempos de escassez, dúvida e dificuldades. Não há herança mais valiosa para deixarmos aos nossos filhos do que o legado da Palavra de Deus. Ela nos dá pensamentos lúcidos, um temperamento mais estável, emoções mais saudáveis, hábitos mais puros e ambientes melhores.

E esse é o quinto benefício da memorização das Escrituras. Ela nos dá lares mais felizes. Um dos muitos produtos derivados de internalizar a Palavra de Deus é uma vida familiar mais feliz, pois, quando meditamos nas verdades transformadoras do Onipotente, nos tornamos pessoas mais funcionais e sábias: e o mesmo acontece com seus filhos, eles aprendem os segredos de relacionamentos saudáveis.

Uma das mais misteriosas e impressionantes personagens da história cristã é a da virgem Maria, mãe de Jesus. Somos cheios de curiosidades sobre ela, já que a Bíblia dá poucas informações sobre sua história de vida. Mas, se você ler cuidadosamente, vai notar que ela deve ter sido uma grande memorizadora das Escrituras. Em Lucas 1, quando o anjo Gabriel diz a ela que ela vai gerar o Messias, Maria corre para a casa de sua parente, Isabel, e lá faz uma das grandes orações de agradecimento — o Cântico de Maria em Lucas 1:36-55. Essa tinha muito dos versículos do Velho Testamento e temos a impressão de que Maria é uma estudiosa das Escrituras, com um rico arsenal de versículos. Ela sabia como meditar sobre essas coisas em seu coração.

Quando faz sua oração de agradecimento, Maria a compõe em grande parte por versículos que armazenou no decorrer dos anos. Podemos assumir que ela frequentemente citava esses versículos para seu primogênito enquanto Ele crescia. É incrível pensar que o comprometimento de Maria com memorizar as Escrituras talvez tenha sido uma das razões de Deus tê-la escolhido para dar vida ao Messias. Os versículos preciosos da Palavra de Deus preenchiam seu coração e, sem dúvida, seu lar.

Deuteronômio 6 nos diz para falar sobre as Escrituras assentado em casa, e andando pelo caminho, ao nos deitarmos e ao nos levantarmos. Isso pressupõe que tenhamos em mente a referência para as Escrituras para que sejamos capazes de relembrar o versículo correto para o momento correto.

Um dos primeiros versículos que minha esposa e eu tentamos ensinar aos nossos filhos foi Provérbios 20:11: "Até a criança se dá a conhecer pelas suas ações, se o que faz é puro e reto."

Sugiro que faça tudo o que for necessário para ensinar seu filho a memorizar versículos. Se sua igreja, escola ou grupo de estudos bíblicos tem um programa de memorização das Escrituras, embarque nessa imediatamente. Se não, desenvolva o seu próprio, usando os versículos neste livro. Como eu disse no Capítulo 2, aprendi muito dos versículos que levo comigo hoje em um programa baseado em recompensas na escola; então, não tenha medo de usar incentivos. Eu conheço uma mulher que memorizou o Sermão da Montanha inteiro porque sua professora lhe ofereceu cinco dólares (nos tempos em que cinco dólares era bastante dinheiro). Mais tarde, ela disse que pagaria mil vezes mais pela alegria de ter aprendido aqueles três capítulos (Mateus 5, 6 e 7).

Sexto, a memorização das escrituras melhora nossas reputações. Ela aumenta o respeito com o qual somos vistos. Isaías 50:4 diz:

"O Senhor Deus me deu língua de eruditos, para que eu saiba dizer boa palavra ao cansado."

Os amigos de Jó disseram a ele: "As tuas palavras têm sustentado aos que tropeçavam, e os joelhos vacilantes tens fortificado" (Jó 4:4).

O editor Brad Waggoner cresceu em um rancho onde todos os trabalhadores carregavam consigo latinhas de tabaco nos bolsos de trás. Mais tarde, na faculdade, ele conheceu um grupo — Navigators, uma organização internacional de ministério cristão — que também carregava algo em seus bolsos. Mas não era tabaco. Aqueles homens levavam consigo pacotes contendo versículos a ser memorizados, algo a que se dedicavam sempre que tinham um tempo livre. Incentivado a experimentar por si mesmo, Brad começou por memorizar três versículos. "Eu mal podia acreditar no efeito que eles tiveram em mim. Tanto na minha forma de pensar quanto de falar. Foi como temperar minhas conversas com sal."

Brad ficou tão motivado pela experiência que se tornou por toda a vida um defensor da memorização das Escrituras, e os versículos que aprendeu ao longo dos anos se refletem todos os dias nas conversas que tem com amigos e colegas de trabalho.

Onde encontramos a sabedoria para dizer uma palavra adequada para aqueles que estão cansados? Como podemos saber o que dizer para alguém que está tropeçando ou precisando de resiliência? Nossa habilidade de oferecer as palavras necessárias é diretamente proporcional ao nosso conhecimento das palavras *d'Ele* e de Sua *Palavra.*

No meu livro sobre as histórias dos hinos mais populares do cristianismo nos Estados Unidos, *Then Sings My Soul* [Então canta minha alma, em tradução literal], eu conto a incrível história de Fanny Crosby, que nasceu em 1820 a quase cem quilômetros do norte da cidade de Nova York. Seu pai morreu pouco depois de seu nascimento, e ela ficou cega na infância devido a um tratamento médico equivocado. Mas, como resultado de sua cegueira, Fanny desenvolveu uma memória fenomenal. Ela memorizou grandes trechos das Escrituras — livros inteiros da Bíblia, incluindo todos os quatro Evangelhos. Mais tarde, Fanny declarou que sempre que queria ler uma parte das Escrituras, girava um pequeno botão em sua mente, e a passagem apropriada fluía por seu cérebro como se fosse uma gravação em uma fita.

Depois de Fanny aceitar Jesus como seu Senhor e Salvador, a enorme reserva de Escrituras memorizadas se tornou a fonte que alimentava seus hinos. Ela compunha cântico após cântico em seu cérebro e os retinha com memória perfeita, então ia até seus editores e os ditava um por um. Durante seus 94 anos de vida, Fanny escreveu aproximadamente nove mil hinos, mais do que qualquer um na história.

Sempre que escrevia um cântico, ela orava para que Deus o usasse para atrair homens e mulheres a Cristo. Fanny tinha o objetivo de ganhar um milhão de pessoas para Cristo por meio das suas canções, e mantinha um registro cuidadoso de cada história que ouvia sobre alguém que se rendera a Cristo ao escutar um de seus hinos. Até os dias de hoje, alguém na Terra provavelmente está cantando, tocando ou ouvindo um de seus hinos praticamente todo momento do dia e da noite — hinos como "Blessed Assurance", "All the Way My Savior Leads Me", "To God Be the Glory" e "Near the Cross".*

Se sua mente for um repositório virtual das Escrituras, você raramente ficará sem saber o que dizer ou dirá a coisa errada,

* No Brasil, traduzidos respectivamente como "Que segurança!", "Todo o caminho que meu salvador me guia", "A Deus Seja a Glória" e "Quero Estar ao Pé da Cruz".

porque você tem a sabedoria de cima à sua disposição a todo o momento.

Finalmente, a memorização das Escrituras nos torna eternos otimistas. Ela nos dá esperança irrevogável e nos modula em eternos otimistas. Há uma promessa na Bíblia para cada incerteza na vida; e nossa fé cresce quando encontramos promessas específicas que atendem às nossas necessidades específicas, as alocamos na memória, meditamos sobre elas, as reclamamos por meio da fé e as absorvemos em nossa corrente sanguínea espiritual. Mesmo a morte não é um desafio para as preciosas promessas de ressurreição, vida eterna e alegria duradoura de Deus.

Quando eu estava na faculdade, tive o privilégio de ser ensinado por Ruth Bell Graham, que abriu sua casa para mim em muitas ocasiões. E ficava impressionado por sua "coleção" pessoal de versículos memorizados. "Algumas pessoas colecionam pinturas e outras colecionam moedas", disse ela, "mas eu coleciono versículos bíblicos."

Por muitos anos, Billy e Ruth Graham trabalharam lado a lado com Cliff e Billie Barrows. Quando a esposa de Cliff, Billie, foi diagnosticada com câncer avançado, o casal a visitou, junto com Beverly Shea. Sentados perto da lareira, esses amigos de longa data passavam as tardes em reminiscências e falando sobre a fidelidade de Deus. Eles haviam viajado ao redor do mundo juntos muitas vezes ao longo dos anos, pregando o evangelho de Cristo. A ternura e as risadas de suas histórias agora eram tingidas pela tristeza de que um deles, Billie, logo partiria para o Paraíso.

Mais tarde naquele dia, a conversa morreu e, na quietude que se seguiu, Ruth começou a citar Romanos 8: "Que diremos, pois, à vista destas coisas? Se Deus é por nós, quem será contra nós? Aquele que não poupou o seu próprio Filho, antes, por todos nós o entregou, porventura, não nos dará graciosamente com ele todas as coisas?... Quem nos separará do amor de Cristo?" (versículos 31,32, 35). E ela continuou citando o resto da passagem de cor.

"Aquelas palavras foram surpreendentes para mim", me disse a filha dos Barrows, Betty Ruth Seera, tempos depois. "Era uma passagem muito familiar... Mas nunca antes eu havia percebido a profundidade do conforto e da esperança que ela oferecia. Eu decidi naquele dia memorizar aquela passagem e seguir o exemplo de tia Ruth: estar pronta para profetizar a esperança que há dentro de mim."[15]

Somente quando gravamos as ricas passagens da Bíblia em nossos corações podemos estar prontos, na temporada ou fora dela, para compartilhar uma palavra oportuna.

Quando eu estava na faculdade nos anos 1970, Bill Gothard estava conduzindo seminários de uma semana por todo o país e muitos de nós estudantes aproveitamos as férias de primavera para ir até a Filadélfia e participar de sua conferência. Eu ainda tenho minhas anotações e muitas das reflexões de Gothard tiveram um grande impacto em mim. A coisa de que me lembro mais claramente é de sua definição de sabedoria. Sabedoria, disse Gothard, era ver a vida da perspectiva divina. E então continuou enfatizando a importância de se memorizar as Escrituras e meditar sobre elas. Gothard disse que a meditação é a prática de memorizar, visualizar e personalizar as Escrituras.

Ao memorizarmos e meditarmos nas Escrituras fielmente, o Espírito Santo vai gradualmente remodelar nossas mentes até que começaremos a ver as coisas e avaliar a vida do ponto de vista de Deus, e isso é a essência da sabedoria.

Ata-os aos dedos, escreve-os na tábua do teu coração.

(Provérbios 7:3)

CAPÍTULO 10

VOCÊ CONSEGUE!

Há pouco tempo, eu palestrei em um almoço formal em Asheville, Carolina do Norte. O local era um clube de golfe, e a vista das montanhas era fabulosa. Muitos daqueles que compareceram ao evento haviam se mudado para as montanhas da Carolina do Norte para passar seus anos de aposentadoria e eu estava sentado ao lado de uma mulher agradável com cerca de 80 anos. Conforme conversávamos, eu trouxe à tona o assunto da memorização das Escrituras.

"Ah", disse ela, "eu achava fácil decorar quando era mais jovem, mas agora é difícil fazer meu cérebro reter as palavras".

Eu concordei, mas sugeri que podemos continuar trabalhando nisso. "Deus fez nossos cérebros de forma que eles amadureçam e se desenvolvam no decorrer do tempo", repliquei. "Quando somos jovens, temos boa capacidade de memorização porque há muito material para aprender. Quando ficamos mais velhos, nossa capacidade de memorização fica mais lenta, mas nossa sabedoria aumenta porque temos que organizar toda a informação que adquirimos antes. Temos que usar isso de forma correta. Mas ainda podemos memorizar versículos bíblicos mesmo que demore mais para isso."

"Fico feliz que você tenha me dito isso", respondeu ela.

Os 100 versículos neste livro são para pessoas de 1 a 100 anos. Meu neto de 4 anos, Elijah, está aprendendo a memorizar versículos e consegue me vencer. Enquanto nossa mente está em um funcionamento razoável, somos capazes de memorizar. Eu posso lhe provar isso. Você sabe seu número de telefone? Se você se mudasse para uma casa nova, não acha que seria capaz de aprender seu novo endereço? Se você der boas-vindas a um neto ou neta, não seria capaz de decorar seu nome? Eu tenho dez netos. Às vezes, quando chamo um deles, perpasso um monte de nomes (incluindo o do cachorro). Mas eu realmente sei o nome de cada criança e eventualmente chego ao correto.

Consegue decorar o código de segurança do seu sistema de alarmes? E seu CEP? A data de hoje? O nome da loja nova que abriu no fim da rua? O nome do vizinho que se mudou para a outra calçada? O dia e a hora de um programa de televisão no qual você ficou interessado e os nomes dos personagens principais? O resultado do jogo de futebol da semana anterior? O ranking do campeonato? Sua senha da internet? O preço do litro da gasolina? Seu peso (antes e depois da dieta)?

Temos uma notável capacidade de memorização embutida, graças a Deus.

Se você consegue aprender uma palavra, consegue aprender outra. E se consegue aprender duas, é capaz de aprender quatro. Quanto mais jovens somos, mais rápido nossa mente vai assimilar a informação; mas, qualquer que seja nossa idade, deveríamos estar ativamente praticando a disciplina da memorização das Escrituras.

Este livro é resultado de uma série de um ano de sermões que preguei em minha igreja sobre os 100 versículos bíblicos que todos nós deveríamos saber de cor. Na semana em que comecei a série, uma das minhas ovelhas idosas foi levada para o hospital com sinais de derrame. Quando a visitei no dia seguinte, ela mal podia esperar para me contar que ainda pretendia decorar seu versículo da semana. "Ah, não se preocupe comigo, pastor", disse ela com esforço, "tenho meu versículo bem aqui; vou estudá-lo enquanto estou no hospital".

Outra mulher, esta com 89 anos, veio até mim no domingo seguinte. "Ah, pastor Morgan", disse, "estou tão feliz que você nos orientou a memorizar esses versículos. Eu já comecei. Isso vai me ajudar a manter minha mente fresca e jovem!".

Enquanto escrevia este livro, almocei com Cliff Barrows, o diretor musical das Billy Graham Crusades. Cliff foi influenciado pelos Navigators na juventude e começou a memorizar versículos naquela idade. Agora com mais de 80 anos, ele me disse que trabalha todo dia na memorização das Escrituras. A visão fraca não o impede. Sua esposa, Ann, grava passagens em um gravador, e Cliff as escuta até que as tenha dominado perfeitamente.

Alguns livros oferecem sistemas elaborados para memorizar informações, mas eu tenho apenas dez sugestões, testadas e aprovadas.

Primeiro, se convença de que você consegue memorizar apenas um versículo. Só isso. Apenas um. (É claro, se você consegue memorizar um versículo, consegue memorizar dois.)

Segundo, pratique todos os dias. Faça disso uma parte simples de sua rotina diária. Pode ser na mesa do café da manhã, fazendo a barba, no trânsito indo para o trabalho, enquanto corre, durante sua série de exercícios diária, no fim do seu período de silêncio matinal, durante seu banho da noite ou apenas antes de desligar as luzes à noite. Acople-o a alguma outra atividade em que o hábito já tenha se consolidado, como sua caminhada rápida.

Terceiro, mantenha o verso que está memorizando no momento em qualquer tela que você use, como seu celular ou a tela do computador. Coloque na geladeira. Coloque sob o vidro de sua mesa ou cole no painel do carro. Use post-its em todo canto. Isso é o equivalente ao conselho bíblico de escrever nos umbrais de tua casa e nas tuas portas.

Quarto, repita, repita, repita. Fale o versículo em voz alta uma vez atrás da outra. Sempre que ministro um casamento, escrevo meu discurso e leio os votos — a menos que eu esteja usando os votos tradicionais — para o casal nervoso. Mesmo esses eu ainda mantenho em minhas anotações, mas raramente olho para eles. Eu já o disse tantas vezes que o memorizei sem me dar conta.

Eu te recebo como minha legítima esposa, prometo ser fiel, amar-te e respeitar-te. Na alegria e na tristeza, na saúde e na doença, na riqueza e na pobreza, por todos os dias da nossa vida. Até que a morte nos separe.

Quando me dei conta de que decorei essas palavras por simples repetição, decidi que o mesmo podia acontecer com versículos bíblicos. Então, toda manhã, durante meus devocionais, repito um versículo bíblico em voz alta, devagar, como se estivesse o ditando para um casal de noivos. Dessa maneira, estou gradualmente aprendendo novos versículos, um por um. A repetição leva o versículo da memória sensorial para a memória de curto prazo e dali para o armazenamento de longo prazo para que possa ser usada no dia a dia. Em outras palavras, primeiro você tem o versículo, e então o versículo tem você.

Minha esposa repete seus versículos em voz alta, muitas vezes usando musiquinhas que compôs. Ela acredita que cantar um verso, mesmo que seja uma melodia inventada, a ajuda a se lembrar das palavras por anos. (É claro, às vezes, ela não consegue citar o versículo para outros sem cantá-lo primeiro.)

Sexto, leia cada versículo em seu contexto e o estude. Anote-o. Confira diferentes traduções, e o memorize na tradução que você mais usa.

Sétimo, aprenda a referência como parte do verso.

Oitavo, revise, revise, revise.

Nono, descubra alguns mnemônicos inventados e associações mentais, seja para o versículo, seja para a referência. Eu me lembro de Provérbios 19:11 porque meu pai nasceu em 1911 e esse versículo me lembra dele: "A discrição do homem o torna longânimo, e sua glória é perdoar as injúrias."

Décimo, use seus versículos. Pregue-os para si mesmo, cite-os para os outros, transforme-os em orações a Deus. Diga com o salmista: "Guardo no coração as tuas palavras, para não pecar contra ti" (Salmos 119:11).

É simples assim. Agora vamos começar nos nossos primeiros 100!

PARTE 2

100 VERSÍCULOS QUE TODO MUNDO DEVERIA SABER DE COR

Inícios

O quarteto fantástico da Bíblia

1. Gênesis 1:1

No princípio, criou Deus os céus e a terra.

As Escrituras começam com essas nove palavras. Esse é o alicerce da Bíblia, a primeira, mais antiga e irredutível fundação dos outros 31 mil versículos da Palavra de Deus. Gênesis 1:1 engloba a totalidade da Verdade. Sem isso, não há nada além de desespero. Com isso, há tudo de que precisamos. Se esse versículo é verdadeiro, tudo o mais no restante da Bíblia é plausível e logicamente consistente. Gênesis 1:1 nos diz que Deus *é*, que Ele *cria*, e que Ele *fala*; e essa é a base de todo pensamento lúcido e da verdadeira esperança.

Gênesis 1:1 nos dá uma origem. Não somos amontoados acidentais de químicos perecíveis que evoluíram misteriosamente da lama primordial sem propósito ou significância. Temos um passado enraizado na glória de Deus cuja imagem ostentamos. Fomos maravilhosamente criados e colocados em um ambiente perfeitamente construído para nossas necessidades. O livro de Gênesis nos dá a história da criação, do pecado, os primórdios da humanidade e o prodigioso plano de redenção introduzido por

Deus. Se você descartar Gênesis 1:1, você abandona as raízes e a realidade da humanidade na Terra. Ao ignorarmos esse texto, nós perdemos toda a lei moral inerente no universo, todas as bases intrínsecas para autoimagem, todo o propósito eterno da vida e qualquer esperança no coração da humanidade.

Gênesis 1:1 nos dá propósito. Se temos um passado, temos um futuro. Se fomos criados à imagem e semelhança de Deus, temos potencial eterno. Se temos um Criador que nos conhece e nos ama, Ele deve ter um plano e um objetivo para o agora e para a eternidade. Sem Ele, somos brasas se apagando em um universo moribundo sem nenhuma significância duradoura. Com Ele, temos uma origem em um passado digno e um propósito para um ótimo futuro.

Samuel Wesley, irmão mais novo de John e Charles, nasceu em 10 de fevereiro de 1690, e por quase cinco anos não falou uma palavra. Então, um dia, Samuel se escondeu embaixo de uma mesa enquanto sua mãe, Susanna, procurava por ele. Finalmente, ela ouviu: "Estou aqui, mãe." Ele havia aprendido a falar! Susanna o ensinou a ler usando Gênesis 1:1, o qual ele rapidamente memorizou. Logo o garoto havia decorado Gênesis 1:1-10. Não é de se espantar que mais tarde ele tenha escrito o cântico: *Glória, Pai, cujo chamado criador atendeu a inúmeros mundos; Jeová, que a tudo compreende, A quem ninguém pode compreender!*[16]

❋ A Terra nos lembra um enfeite de árvore de Natal pendurado na escuridão do espaço. Na medida em que nos afastamos, menor o tamanho. Finalmente, ela fica do tamanho de uma bolinha de gude, a mais bonita bolinha que você possa imaginar. Aquele lindo, quente, vívido objeto parece tão frágil, tão delicado, que a impressão é de que, se você tocá-lo com o dedo, ele vai se esfacelar e se desfazer. Ver algo assim precisa transformar um homem, tem que o fazer apreciar a criação e o amor de Deus.[17]

— James Irwin, astronauta

2. João 1:1

> *No princípio era o Verbo, e o Verbo estava com Deus, e o Verbo era Deus.*

Há dois grandes mistérios na base do cristianismo, na Trindade e na pessoa de Jesus Cristo: (1) Deus tríplice; e (2) Jesus ser dois em um. Como pode Deus ser um Deus e ainda assim existir eternamente em três pessoas distintas, e como pode Jesus ser uma pessoa e ainda assim duas naturezas distintas, Deus e homem plenos?

Esse versículo aborda os dois mistérios. Ele (Cristo, o Verbo) *era* Deus, ainda assim ele *estava com* Deus no início. Ele era Deus e ainda assim era algo distinto de Deus.

O principal tema do Evangelho de João é a divindade de Cristo, e ele alcança seu ápice na declaração de Tomé em João 20:28: "Senhor meu e Deus meu!" Mas o primeiro versículo, João 1:1, oferece o pano de fundo para todo o livro. Perceba a progressão de lógica neste versículo:

- João 1:1 fala da preexistência de Cristo: *No princípio era o Verbo.*
- Fala também de Sua coexistência: *e o Verbo estava com Deus.*
- E de Sua existência divina: *e o Verbo era Deus.*

A Trindade e Jesus! Os dois são mistérios imponderáveis que nunca poderemos compreender, o que é de se esperar se Deus é realmente Deus e Jesus é realmente quem Ele diz que é. Dizem que um Deus pequeno o suficiente para ser entendido não é grande o suficiente para ser adorado. Precisamos de um Deus transcendente que confunda nossa mente com sua imensidão e que traga Suas infinitudes para suportar nossas enfermidades. Precisamos de um evangelho que comece com palavras como estas: *No princípio era o Verbo, e o Verbo estava com Deus, e o Verbo era Deus.*

Georgia Gordon, que cresceu no interior do sul dos Estados Unidos no tempo da escravidão, não recebeu nenhuma educação quando criança. Mas, um dia, ela ouviu um pastor recitando João 1:1. Profundamente impactada, ela memorizou o versículo; e, quando chegou em casa, pediu a alguém que sabia ler para mostrar onde estava o versículo na Bíblia. Georgia o estudou até que pudesse reconhecer as palavras uma por uma e então procurou ao longo da Bíblia por palavras iguais. Desse jeito, aos pouquinhos, ela aprendeu a ler. Mais tarde, se tornou uma estudante brilhante na Universidade Fisk em Nashville e fez parte dos famosos Jubilee Singers da Fisk que introduziram o *Spiritual* no mundo.[18]

DICA PARA MEMORIZAÇÃO

Gênesis 1:1 e João 1:1 têm "endereços" parecidos e começam com as mesmas palavras. Gênesis 1:1 foca Deus no princípio, e João 1:1, Jesus — o Verbo — no princípio. Ao memorizá-los juntos, você estará aprendendo dois versículos tão facilmente quanto apenas um.

❋ Aqui vão dois mistérios pelo preço de um; a pluralidade das figuras contidas na unidade de Deus, e a união de Divindade e humanidade na pessoa de Cristo... Quanto mais você pensa sobre isso, mais impressionante fica.[19]

— J. I. Packer

3. João 1:14

> *E o Verbo se fez carne e habitou entre nós, cheio de graça e de verdade, e vimos a sua glória, glória como do unigênito do Pai.*

Qual foi a última vez que você passou a noite em uma tenda? Noite passada. De acordo com 2Coríntios 5, estamos no momento vivendo nas tendas que são nossos corpos, aguardando ansiosamente o dia da ressurreição quando receberemos estruturas permanentes (nossos corpos glorificados). Além disso, é dito em João 1:14 que, quando Jesus se fez carne em Belém, Ele montou Sua tenda entre nós. O termo grego para "habitar" faz referência a armar tendas.

João 1:14 é indiscutivelmente o versículo mais importante da Bíblia sobre reencarnação. O Verbo (Deus, o filho) se fez carne (humano) e habitou (armou sua tenda) entre nós. Vimos Sua glória e enxergamos que Ele era o filho unigênito do Pai, cheio de graça e verdade.

O prólogo de João (João 1:1-18) é uma das melhores introduções da literatura. O tema é Jesus, e a progressão de raciocínio é incrível. Ao memorizar João 1:14, tome tempo para estudar toda a passagem, usando sua estrutura como guia.

1. **Jesus é mesmo Deus que nos fez** (1:1-3). Ele é Deus, existe desde o início e por meio d'Ele todas as coisas foram feitas.
2. **Ele é a vida que nos sustenta** (v. 4a). A vida estava n'Ele!
3. **Ele é a luz que nos ilumina** (v. 4b-5). Sua vida é nossa luz. Ele resplandece através das trevas e as trevas não prevalecem contra Ele.

4. **Ele é a mensagem que nos desperta** (v. 6-9). João Batista testificou sobre Ele, e nós podemos fazer o mesmo.
5. **Ele é o Salvador que nos redime** (v. 10-13). Todos aqueles que o receberam e que creem no Seu nome receberam o poder de serem feitos filhos de Deus.
6. **Ele é o amigo que habita entre nós** (v. 14). Ele armou Sua tenda e tabernáculos entre nós.
7. **Ele tem a primazia** (v. 15). João Batista disse sobre Ele: "O que vem depois de mim tem, contudo, a primazia, porquanto já existia antes de mim."
8. **Ele é o Filho que nos abençoa** (v. 16-18). Ninguém viu a Deus, mas seu Filho unigênito O tem revelado a nós, e por meio da sua plenitude temos recebido graça sobre graça (v. 16).

A palavra "encarnação" significa "incorporado em carne". O dr. J. I. Packer escreveu: "A encarnação é por si mesmo um mistério incompreensível, mas que traz sentido a tudo mais que o Novo Testamento contém." Packer aponta que a realidade da encarnação perpassa todo o prólogo de João. "A Igreja da Inglaterra o lê anualmente no dia de Natal e faz isso de maneira correta", diz Packer. "Em nenhum outro trecho do Novo Testamento, a natureza e o significado da filiação divina de Jesus são tão claramente explicados quanto ali."[20]

Jesus é Deus se manifestando em uma linguagem em que os homens são capazes de entender.[21]

— Samuel D. Gordon

4. João 3:16

Porque Deus amou ao mundo de tal maneira que deu o seu Filho unigênito, para que todo o que n'Ele crê não pereça, mas tenha a vida eterna.

Henry Moorhouse, de 16 anos, era um apostador, líder de gangue e ladrão. Mas, durante o Avivamento de 1859, ele entregou sua vida a Jesus e logo estava pregando o Evangelho com todo o seu coração. Seu texto bíblico favorito era João 3:16. Então, em 1867, na Irlanda, Moorhouse conheceu o evangelista internacional D. L. Moody e teve a ousadia de se convidar para pregar na igreja de Moody em Chicago.

Um tempo depois Moody retornou de viagem e ficou sabendo que Moorhouse havia aparecido, começara a pregar e estava atraindo grandes multidões. "Ele pregou dois sermões sobre João 3:16", contou a esposa de Moody, "e eu acho que você vai gostar dele, embora a pregação dele seja um pouco diferente do que você faz.

"Diferente como?"

"Bem, ele diz a pecadores que Deus os ama."

Moody não tinha muita certeza se gostava disso, mas naquela noite foi ouvir o sermão de Moorhouse. O jovem subiu no púlpito e disse: "Se você abrir a Bíblia no terceiro capítulo de João e ler o versículo 16, vai encontrar meu texto." Mais tarde, Moody relembrou: "Ele pregou o sermão mais extraordinário com base naquele versículo... Eu não sabia até aquele momento que Deus nos amava tanto. Meu coração pareceu derreter e eu não consegui conter as lágrimas. Era como se fossem notícias de um país longínquo. Eu apenas absorvi."

Noite após noite, Moorhouse pregava baseado em João 3:16 e isso teve um efeito transformador em D. L. Moody. "Eu nunca me esqueci daquelas noites", disse ele. "Eu tenho pregado um evangelho diferente desde então, e tenho tido uma relação mais intensa com Deus e os homens desde então."

Tempos depois, quando Moorhouse ficou doente e estava em seu leito de morte, ele disse aos seus amigos: "Se for da vontade de Deus que eu me levante novamente, eu devo pregar a partir do texto 'Deus amou o mundo de tal maneira'."[22]

DICA PARA MEMORIZAÇÃO

Ao memorizar Gênesis 1:1, João 1:1, 1:14 e 3:16, você terá a Bíblia inteira na palma de sua mão. Esses versículos são os quatro cantos da Bíblia.

> ❋ Meus amigos, durante toda a semana eu tenho tentado lhes dizer o quanto Deus ama vocês, mas eu não sou capaz de fazer isso com minha parca voz. Se eu pudesse pegar emprestada a escada de Jacó, subir aos céus e pedir a Gabriel, que se senta na presença do Todo-Poderoso, que me dissesse o quanto o Pai ama o mundo, tudo que ele poderia dizer seria: "Deus amou ao mundo de tal maneira que deu o seu Filho unigênito."
>
> — Henry Moorhouse

O CAMINHO ROMANO

O Plano de Salvação

5. Romanos 3:23

Pois todos pecaram e carecem da glória de Deus.

Nossos primeiros quatro versículos (Gênesis 1:1; João 1:1, 14 e 3:16), nos fornecem o esqueleto da verdade bíblica. Os próximos cinco oferecem uma síntese do plano de Deus para a salvação.

A Bíblia é um livro grande — 66 divisões e mais de 31 mil versículos —, então o Senhor colocou um sumário dela nas Escrituras, um resumo, uma abreviação, uma perspectiva. Este é o livro de Romanos: uma sinopse da mensagem de toda a Bíblia. Nele, há uma série de versículos que sintetizam o plano de Deus para a salvação da humanidade. Esses versículos são geralmente chamados de Caminho Romano — Romanos 3:23; 6:23; 5:8; e 10:9-10 e 13.

Eu não sei quem colocou esses versículos juntos primeiro e os chamou de Caminho Romano, mas sei quando os vi pela primeira vez. Eu ainda era um menino crescendo em Elizabethton, Tennessee, e um evangelizador nos visitou para incentivar um avivamento. Eu não me lembro de seu nome. Ele tinha um carimbo e tinta, e carimbava o Caminho Romano a todo lugar que ia, na frente das Bíblias das pessoas. Eu me lembro de levar meu exemplar até ele no fim de um dos cultos, de vê-lo pressionar seu carimbo no tinteiro e então cuidadosamente transferir os versículos para minha Bíblia. Pelo que me lembro, o carimbo dizia apenas: "O Caminho Romano" e listava os versículos.

Nos anos que seguiram desde então, eu aprendi muitos métodos de guiar alguém até Cristo, mas me pego voltando a essa velha série de versículos porque eles sintetizam tudo que precisamos dizer sobre como reconhecer Cristo como seu Salvador.

A primeira parada do caminho é Romanos 3:23. Todos nós pecamos e não atingimos os parâmetros perfeitos das expectativas sagradas do Deus de toda a glória. Fomos separados d'Ele por nossos pecados. Antes da boa notícia de salvação, precisamos aprender a notícia ruim sobre o pecado.

Apenas três pessoas na história da humanidade foram perfeitas e sem pecados, e as primeiras duas não permaneceram assim — Adão e Eva. Então só resta o próprio Jesus. Ninguém pode ter acesso à presença divina ou à vida eterna baseado em suas próprias imperfeições ou esforços justos. Todos nós pecamos e não atingimos os requisitos da glória divina. Não somos capazes de nos reconciliar com Deus tentando viver uma vida justa, porque somos de modo intrínseco, internamente, pecadores; e nada que viva em pecado pode existir na ardente santidade da presença e perfeição de Deus. Somente ao perceber isso podemos apreciar plenamente o que Cristo fez conosco.

❋ Podemos amar aqueles que são nossos e também o que é bom e agradável; mas Deus ama o ímpio, os piores pecadores, os blasfemadores mais cruéis. Nossa parte é aceitar esse amor, em nome de Seu Filho, Nosso Salvador.[23]

— V. Raymond Edman

6. Romanos 6:23

Porque o salário do pecado é a morte, mas o dom gratuito de Deus é a vida eterna em Cristo Jesus, nosso Senhor.

Com exceção talvez de João 3:16, nenhum outro texto nas Escrituras resume melhor todos os 66 livros e 31 mil versículos da Bíblia. Essa é versão *Reader's Digest* definitiva da Palavra de Deus. Perceba a forma como o versículo se equilibra em duas cláusulas:

O salário do pecado é a morte.
O dom gratuito de Deus é a vida eterna.

Se separarmos as palavras-chave de Romanos 6:23 e colocá-las lado a lado, podemos ver sua lógica e seu argumento contrastante:

Salário – Dom gratuito
Pecado – Deus
Morte – Vida Eterna

Salário é uma palavra que vemos nos jornais todos os dias. É aquilo que recebemos pelo nosso trabalho. A Bíblia diz que somos todos empregados do pecado, e o resultado — ou o pagamento — é a morte física, espiritual, eterna. Em contraste, Deus quer nos dar um presente, que é a vida eterna.

Este é um presente que só chega a nós embalado em um pacote — Jesus Cristo, nosso Senhor. Pense em um grande desfiladeiro. Estamos de um lado, em estado de pecado e morte, Deus está do outro lado com o dom da vida eterna. A cruz de Jesus Cristo é a única ponte que preenche o abismo. Como diz 1Timóteo 2:5:

"Porquanto há um só Deus e um só Mediador entre Deus e os homens, Cristo Jesus, homem."

Quando prego, às vezes, perpasso várias passagens, indo de uma para outra em uma ordem lógica. Usando um lápis, eu anoto a próxima referência ao lado da anterior. Desse jeito, se eu esquecer qual versículo vem depois, tenho um lembrete. Podemos fazer o mesmo com o Caminho Romano. Ao lado de Romanos 3:23, anote a lápis 6:23. Ao lado do 6:23, anote 5:8; e, ao lado desse, anote 9:9-10. Se você fizer isso em uma edição de bolso do Novo Testamento, vai sempre estar pronto para guiar alguém aos fatos de que eles precisam para alcançar a vida eterna em Jesus Cristo.

DICA PARA MEMORIZAÇÃO

Escreva as referências do Caminho Romano na frente de sua Bíblia, repita os versículos com frequência, pratique com outra pessoa, peça a Deus que lhe envie alguém com quem você possa compartilhar essa simples e efetiva rota para a salvação em Cristo.

O Caminho Romano

Romanos 3:23 • Romanos 6:23 • Romanos 5:8 • Romanos 10:9-10 e 13

※ O Caminho Romano: uma das mais efetivas apresentações para aqueles que já ouviram a mensagem, mas precisam enxergá-la claramente, diretamente nas páginas da Bíblia. É baseado nos versículos do livro de Romanos. Sugiro marcá-los em sua Bíblia para que sejam fáceis de achar e mostrar aos outros.[24]

— Bill Hybels

7. Romanos 5:8

Mas Deus prova o seu próprio amor para
conosco pelo fato de ter Cristo morrido por nós,
sendo nós ainda pecadores.

Quando Charles Evans Hughes, secretário de estado dos Estados Unidos nos anos 1920, compareceu a um importante compromisso da Conferência Pan-Americana, ele fez um pedido incomum ao seu intérprete. Ele queria uma tradução resumida do que estava sendo dito em espanhol ou português, mas acrescentou: "Eu quero que você me diga exatamente o que disserem depois de dizer *mas*."[25]

A palavra *mas* é uma conjunção que implica em uma súbita mudança de direção nos pensamentos. E, quando vemos essa palavra na Bíblia, é importante entender cada palavra que a segue, especialmente se a frase começa com *mas Deus...!*

- *Mas Deus* remirá a minha alma do poder da morte (Salmos 49:15).
- *Mas Deus* estava com ele (Atos 7:9).
- *Mas Deus* o ressuscitou dentre os mortos (Atos 13:30).
- *Mas Deus,* sendo rico em misericórdia, por causa do grande amor com que nos amou, e estando nós mortos em nossos delitos, nos deu vida juntamente com Cristo (Efésios 2:4-5).

Romanos 5:8 talvez seja o maior dos textos começados com "Mas Deus" da Bíblia, dizendo "Mas Deus" prova seu amor por nós por ter deixado que seu Filho unigênito morresse por nós enquanto ainda éramos pecadores.

DICA PARA MEMORIZAÇÃO

Quando lemos e estudamos um versículo em seu contexto, conseguimos memorizar mais facilmente o que diz e sua referência. Esse versículo se encontra no meio do parágrafo em Romanos 5 que vai do versículo 5 ao 11. Vale a pena memorizar o trecho inteiro, já que ele contém alguns dos versículos mais importantes da Bíblia sobre a disposição de Jesus Cristo em Se oferecer em troca de nossos pecados. Leia esse parágrafo repetidamente para entender o contexto para o versículo 8, e memorizá-lo será muito mais natural.

❋ "Cristo morreu por nós." Essa é uma simples sentença de quatro palavras. As primeiras duas palavras exprimem um fato histórico: "Cristo morreu." As duas seguintes acrescentam a importância teológica: "Por nós." Todas as quatro palavras formam a cruz do Evangelho: "Cristo morreu por nós." Nunca antes quatro palavras tão curtas carregaram uma mensagem tão importante e tão boa.[26]

— J. Sidlow Baxter

8. Romanos 10:9

Se, com a tua boca, confessares Jesus como Senhor e, em teu coração, creres que Deus o ressuscitou dentre os mortos, serás salvo.

Quando pequeno, ouvi meu pai falar sobre seu pregador favorito, um homem chamado Hyman Appelman. Recentemente, encontrei uma biografia do dr. Appelman e descobri que ele nasceu em uma família judia russa em 1902. Aos 12 anos, sua família imigrou para os Estados Unidos e se estabeleceu em Chicago, onde Appelman cresceu e se tornou um advogado muito esforçado. Em 1924, Appelman, sofrendo de um problema de saúde físico, viajou para o oeste para se recuperar e se alojou na Associação Cristã de Moços (ACM) em Kansas City. Lá ele conheceu um repórter que compartilhou seu testemunho sobre Jesus Cristo. Mais tarde, Appelman começou a ler a Bíblia que encontrou em seu quarto.

Ao viajar para Denver, Appelman conheceu outros cristãos, incluindo um pastor local que disse a ele: "Você não precisa de um médico, meu garoto. Você precisa do Senhor Jesus Cristo!" O pastor então abriu a Bíblia em Romanos 10:9 e explicou o versículo o mais cuidadosamente que podia. Appelman, então com 23 anos, orou e tomou o versículo para si. Mas, quando enviou um telegrama para contar à sua família o que havia feito, eles ficaram horrorizados. Sua noiva terminou com ele, e Appelman se tornou um pária entre os próprios amigos. Ele perseverou ao longo dos dias difíceis e acabou se tornando um dos maiores evangelistas de sua época. Centenas de milhares de pessoas aceitaram a Cristo por meio de suas pregações, e ele muitas vezes se referia a si mesmo como "um pequeno judeu com um grande Jesus".

A frase "Jesus como Senhor" é a confissão de fé do Novo Testamento. É o reconhecimento de que Jesus Cristo é o próprio Deus e que estamos tornando-o o Senhor de nossa vida. Essa é nossa declaração quando decidimos acreditar e recebemos a verdade do Cristo ressuscitado. Se você professa "Jesus é o Senhor" e acredita em seu coração que Deus O ressuscitou dos mortos, você será salvo. Pois com seu coração você acredita e é provado, e com sua boca você professa e é salvo.

DICA PARA MEMORIZAÇÃO

Não somos capazes de memorizar tudo, e não há razão para aprender informações inúteis. Devemos ser intencionais sobre o que memorizamos. Em seu livro *Total Recall*, Joan Minninger diz: "Cientistas estimam que nos lembramos somente de um em cada cem dados de informação que recebemos. Se nos lembrássemos de tudo, eles dizem, ficaríamos 'paralisados por excesso de informação'. Uma boa memória precisa ser seletiva."[27] Como memorizadores intencionais, vamos selecionar o essencial das Escrituras e deliberadamente inscrevê-las nas paredes de nossos cérebros.

※ O remédio não é apenas o evangelho do Senhor Jesus Cristo, mas o evangelho do Senhor Jesus Cristo no poder e na demonstração do Espírito Santo. É o evangelho pregado incessantemente, sem parar, o evangelho semeado em solo fértil, o evangelho pressionado e impressionado nos corações das multidões.[28]

— Hyman Appelman

9. Romanos 10:10

Porque com o coração se crê para justiça e com a boca se confessa a respeito da salvação.

Em seu livro *Scripture Memorizing for Successful Soul-Winning* [Memorização das Escrituras para vitórias da alma, em tradução livre], Oscar Lowry confessa que, quando começou seu treinamento para o ministério cristão, ele tinha uma mente indisciplinada. Não acreditava que conseguiria decorar versículos, então cobriu o verso da capa de sua Bíblia com referências de versículos úteis para aconselhamento. Quando conversava com os outros, Lowry ia até a frente de sua Bíblia, encontrava a passagem adequada, então a procurava e a lia. Era um plano que até funcionava bem, mas não era o melhor deles.

Lowry finalmente determinou: "Se eu conseguir memorizar um versículo, então posso memorizar mais um e dez outros e até mesmo cem." Levantando-se cedo na manhã seguinte, ele escolheu Romanos 10:9-10, mesmo que lhe parecesse um texto difícil com o qual começar. Lowry andou pelo quarto, repetindo os versículos, meditando sobre eles, tentando martelá-los em sua cabeça. "Eu vou conseguir", disse a si mesmo, e em meia hora tinha memorizado os versículos.

Na manhã seguinte, ele repassou Romanos 10:9-10, e então memorizou outro versículo. Lowry continuou adicionando um novo versículo a cada manhã, enquanto diligentemente revisava os anteriores. Meses depois, ele se deu conta de que podia recitar cem versículos sem consultar sua Bíblia, e que o trabalho ficara mais fácil conforme seu cérebro se ajustava aos novos padrões de memorização.

Ao fim de sua vida, Lowry havia aprendido mais de 20 mil versículos, quase dois terços da Bíblia e sabia localizá-los em seu capítulo e versículo. Tudo começou com Romanos 10:9-10.[29]

Ao memorizar Romanos 10:9-10, repare que os dois versículos falam de ações semelhantes que nos permitem alcançar a salvação. Nós cremos com nossos corações e confessamos com nossas bocas. Mas a ordem é inversa nos dois versículos. O versículo 9 nos diz para confessarmos com nossas bocas e crermos em nossos corações. O versículo 10 explica que cremos com nossos corações e confessamos com nossas bocas. Não se trata de uma contradição, mas, sim, de uma imagem espelhada do processo. Cite o versículo 9 e então aprenda o versículo 10 como se estivesse olhando o 9 em um espelho. Estudiosos chamam isso de formato A-B-B-A. O versículo 9 nos dá a ordem vista de fora para dentro, e o versículo 10 nos mostra a ordem de dentro para fora. As duas ações acontecem simultaneamente quando cremos em nossos corações que Jesus ressuscitou dos mortos e então reconhecemos que Ele é nosso Senhor. Acrescente o versículo 13 e você terá dominado todo o "Caminho Romano".

São necessárias poucas palavras para entrar na vida de casado, mas vão ser necessárias milhares de declarações de amor por meio de palavras e atos para viver tal vida. Entramos na vida cristã por acreditarmos em Cristo e o reconhecermos como Senhor e Mestre de nossa vida. Mas para vivermos a vida cristã será necessário continuar professando-O como Nosso Senhor por meio de nossas palavras e ações por todos os dias remanescentes de nossa vida.[30]

— A. B. Kendall

ESCUTANDO

A Palavra de Deus e a oração

10. 2Timóteo 3:16

> *Toda a Escritura é inspirada por Deus e útil para o ensino, para a repreensão, para a correção, para a educação na justiça.*

A Bíblia é abundante em versículos que atestam sua inspiração, autoridade, infalibilidade e utilidade. Talvez os melhores textos do Novo Testamento sobre esse assunto sejam 2Timóteo 3:16 e 2Pedro 1:21. Este último, na verdade, diz que nenhuma passagem da Bíblia foi escrita com base na imaginação do profeta, mas que foram escritas conforme esses foram movidos (inspirados) pelo Espírito Santo. O primeiro versículo nos diz que toda Escritura é inspirada (conduzida) por Deus e, sendo assim, de imensa utilidade em nossa vida.

Perceba em que capítulo/versículo 2Timóteo 3:16 se encontra. Há uma notável relação entre João 3:16 e 2Timóteo 3:16. Os dois versículos têm em comum mais do que apenas seu "endereço".

- João 3:16 fala sobre o Salvador e 2Timóteo 3:16 fala sobre as Escrituras. Esses dois temas são os maiores presentes já entregues à humanidade.

- Em um usa-se "Palavra" e no outro "Verbo".
- Um é Palavra viva e o outro é a Palavra escrita.
- Ambos são totalmente únicos. Jesus não se parece com nenhuma outra pessoa que o mundo já tenha visto, e a Bíblia não se parece com nenhum outro livro que o mundo já tenha lido.
- Jesus era tanto puramente humano quanto puramente divino. Ele desceu dos céus e fez sua aparição como um ser humano sobrepujado pelo Espírito Santo. As Escrituras são tanto puramente humanas quanto puramente divinas. Foram enviadas pelos Céus, mas escritas por meio dos seres humanos inspirados pelo Espírito Santo.
- Assim como o Salvador não detinha pecado, as Escrituras não contêm nenhum erro.
- Assim como o Salvador tem uma natureza dual, as Escrituras também detêm uma natureza dual.
- O Salvador é o Deus-Humano, e as Escrituras são tanto de Deus quanto de homens.
- O Salvador veio nos salvar, e as Escrituras nos foram dadas para que soubéssemos como poderíamos ser salvos.
- A Bíblia é Jesus impresso, e Jesus é a personificação e concretização das Escrituras. Então os versículos 3:16 são semelhantes sobre o Salvador e as Escrituras.

Lucas 3:16 — O Batismo pelo Espírito Santo

- 1Coríntios 3:16 — O Espírito Santo habita em nós
- Efésios 3:16 — O Espírito Santo nos fortalece
- Colossenses 3:16 — A personificação da Palavra
- 2Tessalonicenses 3:16 — A abrangente paz de Deus
- 1Timóteo 3:16 — A singularidade de Cristo

- **1João 3:16 — O poder do amor**
- **Revelações 3:16 — Os perigos do amor morno**

⁂ Inspiração é a influência determinante exercida pelo Espírito nos escritores do Velho e Novo Testamentos para que pudessem proclamar e registrar a mensagem de forma autêntica e exata, da forma como ela foi recebida de Deus.[31]

— René Pache

11. Josué 1:8

> *Não cesses de falar deste Livro da Lei; antes, medita nele dia e noite, para que tenhas cuidado de fazer segundo tudo quanto nele está escrito; então, farás prosperar o teu caminho e serás bem-sucedido.*

"Eu me lembro e repito com frequência a primeira passagem das Escrituras que memorizei", escreve o evangelizador Arthur Flake em seu livro *Life at Eighty as I See It* [Como eu vejo a vida aos 80 anos, em tradução livre]. Ele estava se referindo a Josué 1:8: "Eu o memorizei há mais de cinquenta anos. Ele ainda é fresco e revigorante, e eu o amo."[32]

Eu também tenho uma memória nítida de memorizar esse versículo. Eu estava participando de um pequeno grupo de estudos bíblicos dos Navigators no dormitório da faculdade. Quando esse versículo foi designado para ser memorizado, eu o achei muito longo e complexo. Mas ele finalmente alcançou minha memória de longo prazo, e nunca mais me deixou.

Ele contém um comando tríplice: (1) Não devemos deixar de falar sobre o Livro da Lei. Precisamos continuar falando sobre ele, lendo-o, repetindo-o, ouvindo-o. (2) Devemos meditar nele dia e noite. A palavra original em hebraico vem de um verbo que significa "murmurar", como repetir em voz baixa para si mesmo. Devemos deixar os versículos das Escrituras percorrerem nossa mente o tempo todo. Nós meditamos em algo quando o memorizamos, visualizamos e o personalizamos. Nós murmuramos em nossas mentes durante o dia e deixamos suas palavras se arraigarem em nossos subconscientes durante a noite. (3) Tendo lido e meditado na Palavra de Deus precisamos praticá-la e obedecê-la.

Josué 1:8 termina com uma promessa dupla: (1) se lermos, meditarmos e obedecermos a lei de Deus, vamos prosperar; e (2) seremos bem-sucedidos no que quer que fizermos. À medida que meditamos na Palavra de Deus, nossas mentes se aprimoram. Elas ficam condicionadas a Deus. Nós começamos a pensar mais como Ele pensa, enxergamos a vida de Seu ponto de vista. Conforme somos transformados pela renovação de nossos pensamentos, nos tornamos mais bem-sucedidos nas coisas que Deus diz que devemos fazer.[33]

Tire um momento para ler o salmo 1 sob a luz de Josué 1:8. Talvez você concorde comigo que o rei Davi leu o mesmo texto e o praticou, meditando sobre ele, visualizando-o e personalizando-o, usando a imagem de árvores plantadas junto ao solo fértil. Com base nessa meditação, ele escreveu o primeiro salmo. Em outras palavras, Davi nos mostrou como fazer isso! O salmo 1 é sua meditação sobre Josué 1:8.

Meditação é a chave que abre o maior depósito de provisões da casa de Deus para os cristãos… Isso significa manter a palavra de Deus em seu coração até que ela tenha afetado cada parte de sua vida… Cuidado ao ficar sozinho com seus pensamentos. Fique sozinho na presença dos pensamentos de Deus. Há perigo em vasculhar o deserto árido de pensamentos que podem ser rotulados como devaneios, ou pior. Não medite sobre si mesmo, mas demore-se em Deus… Faça disso um hábito arraigado no seu dia a dia.[34]

— de um livro dos Navigators

12. Salmos 119:11

Guardo no coração as tuas palavras, para não pecar contra ti.

Meu primeiro pastorado foi em uma pequena igreja de pedra nas montanhas do Tennessee. Certa vez, na escola dominical, uma senhora se levantou e citou o salmo 119 de cabeça, palavra por palavra, todos os 176 versículos. Esse é o capítulo mais longo da Bíblia. Ela o havia aprendido na infância e ele a havia fortalecido durante toda a sua vida.

O salmo 119 é mais longo do que alguns livros inteiros da Bíblia, ainda assim é claramente escrito para ser memorizado. É divido em 22 estrofes de oito versículos cada, seguindo as 22 letras do alfabeto hebraico. Para simplificar, cada versículo da primeira estrofe começa com o equivalente hebraico da letra A, e assim por diante, até chegarmos à última estrofe (versículos 169-176), que termina com a última letra do alfabeto hebraico. Isso servia como uma estratégia embutida para que as crianças aprendessem toda a passagem de cor.

Além disso, praticamente todos os versículos do salmo 119 têm a ver com a Palavra de Deus.

Salmos 119:11 nos promete que se guardarmos a Palavra de Deus em nossos corações, ela vai dificultar o agir do pecado em nossa vida. Todos nós somos tentados de diferentes maneiras, mas há um versículo na Bíblia para nos equipar para a luta contra qualquer tentação que enfrentarmos.

- Quando atraído para o vício, experimente memorizar trechos de Romanos 6.
- Quando tentado pela ganância, encontre ajuda em 1Timóteo 6.

- Quando tentado a se sentir ansioso ou deprimido, Filipenses 4 pode resgatá-lo.
- Quando se sentir com preguiça, entediado ou solitário, os versículos em Romanos 12 estão à sua disposição.
- Quando enfrentar raiva ou amargura, memorize os versículos finais de Efésios 4.
- Ao enfrentar tentações sexuais, a primeira parte de Efésios 5 pode ser de grande ajuda.

Quando Jesus foi tentado pelo diabo, ele citou Escrituras que havia memorizado, dando-nos um exemplo. Se enchermos nossas mentes com a Palavra de Deus, teremos as armas necessárias para repelir quaisquer ataques malignos. Deus colocou mais de 31 mil versículos nas Escrituras para nos ajudar a resistir às tentações que enfrentamos na vida. É como ter 31 mil recargas de munição, e não há desculpas para ficar com seu arsenal vazio.

Na Inglaterra antiga, quando salmos métricos ainda eram cantados em vez de hinos, as congregações demoravam um bom tempo cantando todo o salmo 119. De acordo com um relato, o reverendo William Grimshaw, de Haworth, anunciava o canto do salmo 119 algumas vezes e, enquanto esse era cantado, ele saía da igreja e andava pelo vilarejo procurando por adoradores ausentes. Haworth tinha tempo suficiente para reunir os preguiçosos e guiá-los para a igreja antes que o salmo tivesse terminado. Ele então pregava para eles. Dizia-se que os faltantes tinham mais medo de Grimshaw do que do juiz de paz.[35]

O pecado vai nos afastar da Bíblia ou a Bíblia vai nos afastar do pecado.

— atribuído a D. L. Moody

13. Deuteronômio 6:6

Estas palavras que, hoje, te ordeno estarão no teu coração.

Eu tenho ficado alarmado com uma recente série de pesquisas que mostra a rapidez do declínio espiritual do mundo Ocidental. Apenas 35% das congregações norte-americanas se descrevem hoje como sendo vivas e tendo vitalidade espiritual. As igrejas batistas do sul dos Estados Unidos dizem que, se a tendência se mantiver, as denominações estarão reduzidas pela metade até o ano de 2050. Na Inglaterra, os anglicanos esperam um declínio de 90% até 2050. Outras pesquisas têm mostrado que a porcentagem de pessoas que declaram não ter religião tem crescido em todas as federações dos Estados Unidos, e que o número de norte-americanos que se declaram cristãos está caindo rapidamente. Manchetes alertam para o "iminente colapso do cristianismo evangélico nos Estados Unidos".

As estatísticas mais alarmantes envolvem adolescentes e jovens adultos. Um grande número deles está abandonando a igreja após o ensino médio, e apenas uma pequena porcentagem deles retorna de maneira regular e contínua.

Eu acredito que Deuteronômio 6:4-9 é a passagem mais vital da Bíblia para aqueles que são pais. Se seguida, ela tem o poder de reverter essas estatísticas. Esse trecho nos dá três regras de ouro para a criação de filhos:

1. **Ame o Senhor teu Deus de todo o teu coração, de toda a tua alma e de toda a tua força.** A influência mais poderosa na vida de uma criança é o amor visível e passional dos pais pelo Senhor Jesus Cristo (Deuteronômio 6:4-5).

2. **A Palavra Dele precisa estar em seu coração.** Precisamos amar a Palavra de Deus e lê-la diariamente. Isso é mais importante do que jornais, programas de notícias, esportes ou hobbies. Nossos filhos precisam nos ver absorvendo a Palavra de Deus toda manhã ou noite (Deuteronômio 6:6).
3. **Precisamos compartilhar com nossos filhos espontaneamente e naturalmente qualquer versículo que Deus nos enviar.** Falar dela quando em casa, andando pelo caminho, ao deitar-te e ao levantar-te. Quando as conversas do lar são preenchidas com a Palavra de Deus, é como se estivéssemos constantemente plantando sementes nos corações dos mais jovens.

DICA PARA MEMORIZAÇÃO

Eu tenho amigos que chamam essa passagem de *D6*. Eles querem que as igrejas e os responsáveis se tornem D6, e que os pais usem sua autoridade D6 quando se trata de compartilhar a Palavra de Deus com seus filhos. Se você decorar esse código alfanumérico, D6, nunca vai ter problemas em localizar essa passagem vital na Bíblia.

⁂ Toda vez que eu descia para o café da manhã, meu pai — um ocupado cirurgião missionário — estava sentado lendo a Bíblia. À noite, depois de terminar todo o trabalho, minha mãe fazia o mesmo. Qualquer coisa que pudesse capturar tão claramente o interesse e a devoção daqueles a quem eu mais admirava e amava, eu pensei comigo, valia a pena ser investigada. Então, bem nova, comecei a ler minha Bíblia e descobri que ela era, nas palavras do velho Scotsman, "pasto doce".[36]

— Ruth Bell Graham

14. Deuteronômio 6:7

Tu as inculcarás a teus filhos, e delas falarás assentado em tua casa, e andando pelo caminho, e ao deitar-te, e ao levantar-te.

Eu li um livro interessante sobre o impressionista francês Édouard Manet que gerou em mim uma nova perspectiva sobre pequenas bênçãos como flores florescendo, momentos especiais e versículos bíblicos. Manet muitas vezes ficava insatisfeito com suas pinturas maiores e destruía a tela recortando pequenas cenas com as quais estava satisfeito e que pareciam boas o suficiente para serem exibidas sozinhas. Esses pequenos recortes se tornaram obras-primas. Um bom exemplo é *Women at the Races*, que agora é exibida no Museu de Arte de Cincinnati. Essa era originalmente parte de uma grande pintura, mas Manet a selecionou como a única parte da cena que achava valer a pena ser salva, e a cortou. A pintura menor (com aproximadamente 40 x 30 centímetros) é uma maravilha por si só.

Amamos toda a Palavra de Deus, mas às vezes um único pequeno versículo, recortado da Bíblia, nos emociona. Somos gratos por grandes volumes interessantes de literatura, mas às vezes apenas uma frase das Escrituras pode nos encorajar. Graças a Deus pelas miniaturas de Sua graça!

Em Deuteronômio 6, nos é dito que os "altares familiares" mais efetivos são aqueles que ocorrem frequentemente, de maneira espontânea e natural ao longo do dia conforme compartilhamos esses pequenos pedaços das Escrituras com nossos filhos. Eu me lembro de uma vez que meu pai me chamou para me mostrar um versículo no livro de Amós que o fascinara. O texto fascinou a mim também.

Conheço uma mãe cujo filho sofre com pesadelos terríveis durante a noite. "Deixe-me lhe mostrar esse versículo da Bíblia que já me ajudou", disse ela, abrindo a Bíblia em Salmos 4:8. A criança memorizou o versículo, e seus terrores noturnos evaporaram.

Dwight Eisenhower uma vez contou sobre um episódio de sua infância em que perdeu a calma e correu para o seu quarto enfurecido. Depois de um tempo, sua mãe entrou e lhe mostrou Provérbios 16:32: "Melhor é o longânimo do que o herói da guerra, o que domina o seu espírito, do que o que toma uma cidade." Aquela foi uma lição que Ike jamais esqueceu e que lhe foi útil mais tarde ao servir como comandante supremo das forças Aliadas durante a Segunda Guerra Mundial e como presidente dos Estados Unidos.

Pequenos versículos, pequenas verdades, pequenas descobertas compartilhadas espontaneamente, memorizadas no seio da família, essa é mais poderosa técnica que temos para criar nossos filhos no temor e no cuidado do Senhor.

❋ Qualquer que seja a necessidade ou a confusão na qual você se encontre, há sempre algo para ajudá-lo em sua Bíblia, você só precisa lê-la até encontrar a palavra que Deus separou especialmente para você. Já reparou nisso? É algo que tenho percebido com frequência. Às vezes, a palavra especial está na parte que você leria naturalmente, ou no salmo do dia, ou em um devocional, ou em algum outro lugar. Mas você precisa continuar até achá-la, porque ela está sempre lá em algum lugar. Você vai reconhecê-la no momento em que esbarrar com ela e seu coração será acalmado.[37]

— Amy Carmichael

15. Hebreus 4:12

Porque a palavra de Deus é viva, e eficaz, e mais cortante do que qualquer espada de dois gumes, e penetra até ao ponto de dividir alma e espírito, juntas e medulas, e é apta para discernir os pensamentos e propósitos do coração.

Sim, esse versículo é um pouco maior e um pouco mais complicado do que alguns dos que aprendemos até agora, mas ele pode ser facilmente memorizado se entendermos sua progressão e lermos cuidadosamente frase a frase.

Contexto: Leia Hebreus 3:7 a 4:12, sublinhando cada uma das sete ocorrências das palavras "descanso", "descansou" e "repouso". Deus queria dar aos israelitas descanso (segurança e paz duradouras) na terra prometida, mas eles não confiaram n'Ele. Seus corações foram endurecidos pela incredulidade. Da mesma forma, Deus quer nos dar segurança e paz duradouras, tanto agora (espiritualmente) quanto no paraíso (eternamente). Mas precisamos levar Sua palavra a sério, sem desprezá-la ou duvidar dela. As Escrituras dizem: "Esforcemo-nos, pois, por entrar naquele descanso, a fim de que ninguém caia, segundo o mesmo exemplo de desobediência. Porque a palavra de Deus é viva, e eficaz" (Hebreus 4:11-12).

Características: a Palavra de Deus é: (1) viva — não morta, arcaica ou irrelevante; e ela é (2) eficaz. A palavra grega aqui é *energēs*, de onde vem a nossa palavra *energia*. A Bíblia é de alta voltagem. Ela tem a ilimitada energia divina e não volta vazia (Isaías 55:11).

Corte: a Palavra de Deus é uma espada de dois gumes. Alguns estudiosos acreditam que essa imagem é baseada nas facas dos sacerdotes levitas que eram usadas para cortar as partes mais profundas dos animais sacrificiais. Empunhada por nosso sumo sacerdote, a Palavra de Deus penetra fundo em nossos corações e almas. Nenhuma parte de nossa personalidade se mantém inalterada pelas Escrituras quando a ouvimos e respondemos a ela.

Crítica: as Escrituras julgam nossos pensamentos e as intenções de nosso coração. A palavra *julgar* é traduzida do grego *kririkos*, de onde veio a nossa palavra *crítico*. A Bíblia é o crítico do coração, apontando nossas fraquezas e nos mostrando onde podemos melhorar.

Não desista de tentar memorizar esse versículo. Avance um passo de cada vez conforme ele se desdobra em lógica e memória. Esse é um dos melhores versículos *na* Palavra de Deus *sobre* a Palavra de Deus.

A Bíblia é como: lâmpada para os nossos pés (Salmos 119:105); pão para a alma (Mateus 4:4); martelo que esmiúça a penha (Jeremias 23:29); mel (Salmos 19:9-10); chuva e neve que regam a terra (Isaías 55:10-11); ouro que nos enriquece (Salmos 19:9-10); fogo que nos aquece ou queima (Jeremias 23:29); semente plantada no coração (Lucas 8:11); água para lavagem de purificação (Efésios 5:26); um espelho para que possamos nos ver e corrigir a nós mesmo (Thiago 1:22-25); leite nutritivo e carne para a alma (Hebreus 5:12-13); e uma espada de dois gumes (Hebreus 4:12).

A Palavra de Cristo prova a si mesma como sendo a Palavra de Deus por meio de sua energia viva e seu poder de penetração.[38]

— A. T. Pierson

16. Hebreus 4:16

> *Acheguemo-nos, portanto, confiadamente, junto ao trono da graça, a fim de recebermos misericórdia e acharmos graça para socorro em ocasião oportuna.*

Esse maravilhoso versículo nos dá o *quem*, *o quê*, *onde*, *por que* e *quando* da oração.

Quem? Acheguemo-*nos*. A exortação de Hebreus 4:16 tem seu nome nela. Seu contexto nos relembra que Jesus, nosso grande sumo sacerdote, foi aos céus antes de nós, simpatizando com nossas fraquezas. Ele abre a porta para a sala do trono do universo para nós.

O quê? Orar é se aproximar de Deus. *Acheguemo-nos*... É chegar mais perto. Tiago 4:8 diz para nos chegarmos a Deus e Deuteronômio 4:7 nos diz como fazer isso ao perguntar quem mais tem um deus tão próximo "como o Senhor, nosso Deus, todas as vezes que o invocamos?". O principal propósito da oração é reconhecer a proximidade de nosso Rei.

Onde? *Acheguemo-nos... junto ao trono da graça*. É um *trono*, um majestoso e glorioso lugar de poder. É o trono da *graça*, não de julgamento ou condenação. Por meio de Cristo, nós nos aproximamos do trono Daquele que é nosso Amigo, que deseja nossa amizade, que quer nos abençoar com Sua infinita graça.

Por quê? *A fim de recebermos misericórdia e acharmos graça para socorro*. Misericórdia é a atitude de perdão de Deus deixar de nos dar o que *merecemos*. Graça é Sua atitude de bênção e benevolência em nos dar o que *não* merecemos.

Quando? *Em ocasião oportuna*. Essa frase literalmente significa quando necessário, exatamente quando precisarmos disso.

"Eu não me canso de dizer que a frase grega 'em ocasião oportuna' é traduzida como 'bem na hora'. Graça exatamente quando e onde precisamos dela. Você é atacado por uma tentação e, no exato momento, procura por Ele, e a graça está lá para te ajudar bem na hora. Não adie sua petição até o momento das orações noturnas; mas ali... nas ruas da cidade, com a tentação chamejante à sua frente, volte-se a Cristo com um pedido de ajuda, e a graça estará ali bem na hora."[39]

— G. Campbell Morgan

Um dia, eu estava em apuros e angustiado sobre muitas coisas. Era um daqueles dias em que tudo parece dar errado. Eu estava tentando ter meu período de silêncio, mas era constantemente interrompida. Subitamente, essas palavras vieram — eu mal pude acreditar que elas estavam na Bíblia, pareciam tão novas ao meu coração necessitado — "Graça para socorro em ocasião oportuna". Eu as encontrei, as li e então as marquei com alegria. E, naquele momento, no momento que surgiram, minhas forças foram renovadas.[40]

— Amy Carmichael

17. 1João 5:14

E esta é a confiança que temos para com Ele: que, se pedirmos alguma coisa segundo a Sua vontade, ele nos ouve.

Esse versículo e o próximo oferecem uma das melhores definições de oração da Bíblia. São fáceis de memorizar quando você percebe como os versículos se desdobram e expandem. O significado e a maravilha da oração se aprofundam e se tornam mais práticos conforme as frases vão sendo adicionadas.

- Esta é a confiança que temos para com ele.
- Esta é a confiança que temos para com ele, que se pedirmos alguma coisa.
- Esta é a confiança que temos para com ele, que se pedirmos alguma coisa segundo a sua vontade.
- Esta é a confiança que temos para com ele, que se pedirmos alguma coisa segundo a sua vontade, ele nos ouve.

Escrevendo próximo ao fim da Bíblia e no fim da Era Apostólica, o apóstolo João queria que soubéssemos algumas coisas sobre as promessas bíblicas relacionadas à oração. Todas elas são condicionadas à vontade divina. Em seu evangelho, por exemplo, João citou Jesus dizendo: "Se me pedirdes alguma coisa em meu nome, eu o farei" (João 14:14). *Alguma coisa* é um tanto amplo e talvez alguns leitores tenham entendido isso um pouco literalmente demais. Então, em 1João 5:14, ele nos lembra que a promessa de respostas à oração depende da frase "segundo a Sua vontade".

De sua perspectiva infinita, nosso Deus sabe o que é melhor para nós do princípio ao fim. Ele vê o resultado de cada cadeia de reações em nossa vida. Ele sabe como os dominós caem e como o leite acaba sendo derramado. Sua perfeita e providencial supervisão não comete erros e sempre resulta no melhor para seus filhos.

Nosso ponto de vista é tão limitado quanto o de uma pessoa que caiu em um buraco e só consegue ver um círculo de céu acima dela. Nem sempre conhecemos a paisagem completa ou temos a vista ampla. Então oramos de forma sincera e pedimos a Deus por nossas necessidades, nossas vontades, nossos desejos e nossos anseios. Mas nós sempre oramos com a postura de "Se for de Sua vontade". Nela, podemos ter total confiança.

Algumas vezes, quando compramos rosas ou plantas de um catálogo, há uma opção de marcação no formulário que diz: "Se o item escolhido estiver em falta, podemos substituí-lo por um valor igual ou superior?" Eu sempre marco não, porque eu não acho que os funcionários do depósito saibam o que é melhor para meu jardim. Mas com Deus sempre devemos dizer: "Sim, Senhor! Você pode substituir. Pode me conceder uma resposta alternativa de igual valor ou superior. Eu confio no Senhor para escolher o melhor para mim."

❋ O propósito da oração é realizar a vontade de Deus... A maior oração que alguém pode oferecer é "Seja feita a Tua vontade". Ela vai ser oferecida de mil formas diferentes, com mil detalhes, conforme as necessidades surgem diariamente. Mas toda oração verdadeira vem sob essas quatro palavras.[41]

— S. D. Gordon

18. 1João 5:15

E, se sabemos que ele nos ouve quanto ao que lhe pedimos, estamos certos de que obtemos os pedidos que lhe temos feito.

A Bíblia é cheia de informações sobre a oração; é o maior manual do mundo sobre o assunto. Aqui, no final das Escrituras, se encontram dois versículos que parecem resumir o assunto — 1João 5:14-15.

O arcebispo Trench disse: "Não devemos conceber a oração como uma maneira de superar a relutância de Deus, mas como um apego à Sua mais alta vontade." É ótimo orar espontaneamente ao longo do dia, antes de reuniões, em momentos estressantes, antes de reagir em situações tensas. Mas precisamos de um encontro regular com Deus diariamente toda manhã e/ou noite. Nesses momentos, o louvamos, confessamos nossos pecados a Ele, e entregamos nossas necessidades. Deus muitas vezes diz sim aos nossos pedidos. Algumas vezes, é um não ou um aguarde. Mas nossa confiança está em *sabermos que Ele nos ouve.*

Quando Deus diz não

- Abraão pediu sinceramente que Ismael se tornasse o filho da promessa e o herdeiro de seu legado, mas Deus disse não. Ele tinha algo melhor, uma linhagem de descendência a partir do menino Isaque.
- Moisés orou de forma sincera para cruzar o rio Jordão com os filhos de Israel, mas Deus disse não. Ele tinha um jovem líder de nome Josué e uma terra prometida melhor para o envelhecido Moisés.

- Davi orou sinceramente pela alegria de construir um templo para o Senhor, mas Deus disse não. Ele tinha algo melhor planejado — que Davi projetasse o templo e o filho dele, Salomão, o construísse.
- Jonas orou de maneira sincera quando pediu que morresse, mas Deus disse não. Ele tinha uma ideia melhor — que Jonas aprendesse a lição de compaixão e a registrasse em um livro que ia emocionar pessoas através dos tempos.
- O endemoniado curado de Marcos 5 orou para que pudesse viajar como discípulo de Jesus de Nazaré, mas Deus disse não. Ele tinha algo melhor planejado — que ele voltasse para casa e contasse aos seus amigos sobre as grandes coisas que o Senhor fizera por ele e como lhe havia mostrado compaixão.
- O apóstolo Paulo orou sinceramente para que fosse curado do que descreveu como um espinho na carne. Mas Deus disse não. Ele tinha algo melhor — que Paulo descobrisse toda a capacidade de Sua graça.
- Jesus orou sinceramente que o cálice de sofrimento fosse afastado dele, mas Deus disse não. Ele tinha algo melhor planejado — que uma fonte fosse aberta para todo o mundo para perdão dos pecados.

Eu nunca orei sinceramente por nada, mas aconteceu, em algum momento... de certa maneira, de alguma forma.

— Adoniram Judson

GARANTIAS

Paz interior e segurança

19. 1João 5:11

E o testemunho é este: que Deus nos deu a vida eterna; e esta vida está no seu Filho.

Quando eu estava no segundo ano da faculdade, recebi uma mentoria de um veterano que me deu esses dois versículos, 1João 5:11-12, que para ele eram os dois melhores sobre a garantia da salvação, para memorizar. Enquanto soubesse os versículos, afirmou, eu nunca teria dúvidas sobre ser salvo. Eu voltei a eles muitas vezes, e sou grato pelo que *não* está neles. Não há *talvez, se, pode acontecer* ou, *esperamos que...*

E o testemunho é este. Isso é o que o próprio Deus declarou como verdade. Esse é o registro. Esses são os fatos.

Nos deu... Já está feito. Está irrevogavelmente concluído. Não é apenas uma promessa genérica como *Ele deu a vida eterna.* Ela inclui o pronome pessoal *nos.* E *nos* inclui *você* e *eu.*

Nos deu a vida eterna. Enquanto a Bíblia toda nos ensina que Deus é eterno e que Ele concede vida eterna aos Seus filhos, é João o apóstolo da vida eterna. Ele usou a frase 23 vezes em seus escritos.

E esta vida está no seu Filho. Jesus não apenas nos dá a vida; Ele é a Origem e o Criador da vida. E, ainda assim — o paradoxo de todos os tempos —, Ele morreu para conquistar a morte, e porque Ele vive, nós também vivemos.

- Todo aquele que nele crê não vai perecer, mas vai ter a *vida eterna* (João 3:16).
- Quem crê no Filho tem a *vida eterna* (João 3:36).
- Quem ouve a minha palavra e crê naquele que me enviou tem a *vida eterna* (João 5:24).
- Em verdade vos digo: quem crê em mim tem a *vida eterna* (João 6:47).
- Senhor, para quem iremos? Tu tens as palavras da *vida eterna* (João 6:68).
- Eu lhes dou a *vida eterna*; jamais perecerão (João 10:28).
- E a *vida eterna* é esta: que te conheçam a ti, o único Deus verdadeiro, e a Jesus Cristo, a quem enviaste (João 17:3).
- Vo-la anunciamos, a *vida eterna* (1João 1:2).
- E esta é a promessa que ele mesmo nos fez, a *vida eterna* (1João 2:25).
- E o testemunho é este: que Deus nos deu a *vida eterna*; e esta vida está no seu Filho (1João 5:11).
- Estas coisas vos escrevi, a fim de saberdes que tendes a *vida eterna*, a vós outros que credes em o nome do Filho de Deus (1João 5:13).

Nossa esperança não está em um fio frágil e esfiapado como "eu imagino que sim" ou "provavelmente sim", mas o cabo, o firme gancho preso à nossa âncora, é o juramento e a promessa d'Ele que é eternamente verdadeiro. Nossa salvação está ancorada com a própria mão de Deus e com a força do próprio Cristo, à forte estaca da natureza imutável de Deus.[42]

— Samuel Rutherford

20. 1João 5:12

Aquele que tem o Filho tem a vida; aquele que não tem o Filho de Deus não tem a vida.

Escrevendo em uma publicação da Gideões Internacionais, uma organização cristã sem fins lucrativos criada por empresários e profissionais cristãos que se dedicam à distribuição de Bíblias, Garry O. Parker relembrou um dia empolgante quando estava na sexta série. Vários visitantes estavam entregando um presente especial. Conforme cada turma era chamada para o auditório, os Gideões entregavam um exemplar do Novo Testamento para cada criança que prometesse lê-lo. Garry levantou a mão e recebeu seu exemplar.

Alguns meses depois, sua mãe faleceu após um longo período doente. Os anos seguintes foram incertos e difíceis. Uma noite de fevereiro de 1957, Garry estava sentado em seu quarto lendo o Novo Testamento quando encontrou 1João 5:12. *Aquele que tem o Filho tem a vida; aquele que não tem o Filho de Deus não tem a vida.*

Ele enxergou claramente que nosso futuro eterno depende de se temos Jesus como nosso Senhor e Salvador, e aquela mensagem penetrou seu coração como uma agulha. "Naquele momento", se lembra Garry, "Deus despertou meu entendimento e baixinho eu coloquei minha confiança em Jesus como meu Senhor e Salvador. Não foi um momento emocional, mas uma certeza calma. Era o começo de uma aventura na fé com Jesus Cristo, que tem continuado a ser empolgante todos os dias".

Garry se tornou um pastor importante, e, agora, aposentado, continua servindo ao senhor com esta mensagem: *E o testemunho é este: que Deus nos deu a vida eterna; e esta vida está no seu Filho. Aquele que tem o Filho tem a vida; aquele que não tem o Filho de Deus não tem a vida.*[43]

Ótimos versículos acerca da garantia da salvação na Bíblia

- Porque estou bem certo de que nem a morte, nem a vida, nem os anjos, nem os principados, nem as coisas do presente, nem do porvir, nem os poderes, nem a altura, nem a profundidade, nem qualquer outra criatura poderá separar-nos do amor de Deus, que está em Cristo Jesus, nosso Senhor (Romanos 8:38-39).
- Sei em quem tenho crido e estou certo de que ele é poderoso para guardar o meu depósito até aquele dia (2Timóteo 1:12).
- Eu lhes dou a vida eterna; jamais perecerão, e ninguém as arrebatará da minha mão... da mão do Pai ninguém pode arrebatar (João 10:28-29).

DICA PARA MEMORIZAÇÃO

Os 100 versículos neste livro incluem: (1) 1João 5:11-12 sobre a garantia de salvação; (2) e 1João 5:14-15 sobre a garantia de resposta às orações. Por que não memorizar o versículo 13 também e então ter um parágrafo inteiro de garantias armazenado para sempre em sua mente?

A certeza da salvação está amplamente escrita ao longo das páginas do Novo Testamento. Cristo e Seus apóstolos viveram em um ar de segurança. As epístolas refulgem com a verdade para que saibamos que possuímos a salvação.[44]

— Herbert Lockyer

21. João 14:1

Não se turbe o vosso coração; credes em Deus, crede também em mim.

Para sentir o impacto de João 14:1, você precisa ler o fim do capítulo anterior, lembrando-se de que originalmente não havia quebras de capítulos. Essa é uma parte do Sermão do Cenáculo (João 13-17) quando Jesus chega aos momentos finais com seus discípulos antes de Sua crucificação. No fim do capítulo 13, Ele os assusta ao lhes dizer abruptamente que está partindo. Jesus iria embora e não ficaria com eles por muito mais tempo.

"Senhor", perguntou Simão Pedro, "para onde vais?".

Jesus respondeu: "Para onde vou, não me podes seguir agora; mais tarde, porém, me seguirás."

"Senhor, por que não posso seguir-te agora? Por ti darei a própria vida."

"Darás a vida por mim?", disse Jesus. "Em verdade, em verdade te digo que jamais cantará o galo antes que me negues três vezes."

Deve ter havido um silêncio mortal então, mas um momento depois Jesus acrescentou: "Não se turbe o vosso coração; credes em Deus, crede também em Mim."

É importante se atentar a esse contexto porque ele nos mostra que as verdades de João 14 funcionam nos momentos mais turbulentos da vida. Essas palavras não foram pronunciadas nos pastos verdes da Galileia em um dia bonito de primavera. Elas foram ditas em uma sala fechada, em uma cidade hostil, durante uma crise que se aproximava de uma tragédia. É assim que sabemos que elas são capazes de nos tranquilizar também, nos dias mais sombrios de nossa vida, nas reviravoltas mais estranhas. Nós confiamos em Deus e no Filho de Deus!

Eric Betz conta que embora tenha crescido acreditando em Deus, nada em sua vida demonstrava isso. Ele ia à igreja de vez em quando, mas era uma tarefa. Estava mais preocupado com sua família, seus amigos, seu trabalho e sua namorada. Então, perto dos trinta anos, tudo desmoronou. Seus pais se separaram, os amigos se mudaram, Eric foi demitido e ele e a noiva terminaram. "Naquele momento da minha vida, eu perdi toda a esperança", disse. "Eu passei muitas noites em claro por causa da ansiedade e da depressão. Eu procurava paz interior."

Então, em um dia de agosto, Eric encontrou uma versão de bolso do Novo Testamento dos Gideões Internacionais. Ao abri-la, ele encontrou uma página que dizia *Onde encontrar ajuda quando...* Seus olhos bateram direto na referência de João 14:1, e ele rapidamente procurou pelo versículo. Ele leu o parágrafo inteiro e subitamente sua depressão e sua ansiedade desvaneceram. "Eu professei ao Senhor que eu era um pecador e precisava de um Salvador e pedi a Jesus que entrasse em minha vida." Ele instantaneamente descobriu a bênção da paz interior que acompanhava as palavras: *Não se turbe o vosso coração; credes em Deus, crede também em mim.*[45]

❋ Não há nenhuma angústia a qual o coração humano possa ser exposto que a crença na doutrina do Evangelho não seja calculada para purificar e aliviar.[46]

— Thomas Chalmers

22. João 14:2

Na casa de meu Pai há muitas moradas. Se assim não fora, eu vo-lo teria dito. Pois vou preparar-vos lugar.

Talvez você esteja mais familiarizado com a versão desse versículo que diz: "Na casa do meu Pai há muitos quartos" [em inglês, *mansions*]. João 14:2 está entre os mais preciosos versículos da Bíblia sobre o paraíso; mas traduções mais modernas da Bíblia têm substituído a palavra *mansions* (mansões) por *rooms* (quartos) ou *dwelling places* (moradas).

Eu não estou feliz que minha acomodação no paraíso tenha sido rebaixada de uma mansão para um quarto. O que está acontecendo?

Bem, a palavra em latim que foi traduzida como *mansion* no inglês, na verdade, quer dizer "para viver ou morar". Originalmente significava apenas "um lugar para viver ou um lugar para morar". Quando William Tyndale traduziu a Bíblia para o inglês pela primeira vez, ele usou a palavra *manse* ou *mansion*, que significava simplesmente "lugar de morada". É daí que vêm todas as primeiras versões em inglês. Esse era também o significado da palavra grega usada por João e se encaixa na analogia que Jesus está usando sobre a *casa* de Seu Pai.

Mas isso não significa que vamos ficar todos confinados em um quarto em algum prédio de apartamentos por toda a eternidade. Na verdade, eu acho a palavra *mansão* ótima. Afinal, mesmo a menor das casas no paraíso será um milhão de vezes melhor do que o mais sofisticado palácio na terra, então não acho que a ideia de *mansão* seja inapropriada. Vou usar a terminologia antiga. Na casa de meu Pai há muitas mansões.

O que geralmente chamamos de paraíso é mencionado em Apocalipse 21 e 22 como novos céus, nova terra e nova Jerusalém. Estou convencido de que a Bíblia ensina que uma cidade literal, Nova Jerusalém, está no momento no ponto mais alto do paraíso e é a morada de Deus. Cristãos são transportados para lá instantaneamente quando morrem. No fim da história terrestre, este mundo e o universo inteiro serão recriados. Essa gloriosa cidade dourada vai então descer do paraíso para a nova terra e o lugar de morada de Deus será conosco. Nós seremos Seu povo, e Ele será nosso Deus. Nosso lar eterno será nessa nova terra e nessa grande cidade. Haverá espaço mais do que o necessário para todas as mansões, apartamentos, chalés e moradas de que precisarmos. Em seu livro, *Heaven* [Paraíso, em tradução livre], Randy Alcorn escreve: "O paraíso provavelmente não vai ter muitas residências idênticas. Deus ama a diversidade, e ele faz seus filhos de forma individual e as provisões segundo a necessidade de cada um. Quando virmos o lugar específico que Ele preparou para nós — não só para nós humanidade em geral, mas para nós em particular —, vamos nos regozijar ao ver nosso lar ideal.[47]

Uma tenda ou um chalé, por que eu deveria me importar? Estão construindo um palácio lá para mim.

— Harriet E. Buell

23. João 14:3

E, quando eu for e vos preparar lugar, voltarei e vos receberei para mim mesmo, para que, onde eu estou, estejais vós também.

Quando éramos recém-casados, minha esposa e eu recebemos a visita de um vendedor que, tentando nos vender panelas antiaderentes, se ofereceu para cozinhar nosso jantar uma noite. Ele tirou uma panela de sua maleta, colocou um pouco de óleo e então algumas cenouras.

"Pensei que você tivesse dito que não precisava de óleo", eu disse.

Ele respondeu: "Você cozinha com *menos* óleo. Não *sem* óleo. Em vez de ter seus vegetais envoltos em óleo, você usa só um fiozinho."

Eu gostaria de dizer que cristãos podem viver uma vida *sem* preocupações, mas, de qualquer forma, devemos viver uma vida com *menos* preocupações. É verdade que a Bíblia nos diz para não nos preocuparmos ou não deixar nossos corações se perturbarem, mas o fato de que somos orientados para que *não* façamos indica a existência de preocupação na vida do cristão.

Certamente, no cenáculo, os discípulos tinham motivo para se preocuparem. Mas, em João 14:1-6, Jesus os avisou para que não se mantivessem nesse estado mental. Ele estava dizendo a todos nós: "Não se deixe entrar em pânico. Não se renda a uma preocupação ansiosa." Não devemos deixar nossos corações permanecerem em um estado de agitação, pânico, terror ou mesmo de chateação.

Talvez eu não seja capaz de evitar ficar apavorado de vez em quando. Talvez eu não consiga evitar ondas de pânico ou pontadas de ansiedade. Pode ser que eu não consiga escapar totalmente da tentação de me preocupar. Mas eu posso evitar permanecer nesses estados. De fato, é minha obrigação como cristão combater o pecado da ansiedade da mesma forma que eu resistiria ao pecado da embriaguez, profanidade, luxúria ou idolatria.

Essa passagem é incrivelmente útil na luta contra o pecado da preocupação (que é a falta de crença) e nos ajuda em momentos de luto. Eu muitas vezes a uso em funerais, seguindo o próximo esquema:

- A paz Jesus provê (João 14:1)
- O lugar Jesus prepara (João 14:2-4)
- O caminho Jesus nos mostra (João 14:6)

O versículo 3 é o ponto central desse texto e, ao memorizá-lo, note como cada frase enfatiza um aspecto diferente do retorno prometido de nosso Senhor. Ele está partindo com o propósito declarado de preparar um lugar para nós; Jesus vai retornar, e onde Ele está, sempre estaremos.

DICA DE MEMORIZAÇÃO

Em nossa lista de 100 versículos, incluímos João 14:1, 2, 3 e 6. Por que não ir em frente e aprender os versículos 4 e 5 também? É um dos parágrafos mais tranquilizantes da Bíblia.

A crença na segunda vinda de Cristo, a qual ele nos garantiu, é uma excelente prevenção contra um coração atribulado.

— Matthew Henry

24. João 14:6

Respondeu-lhe Jesus: Eu sou o caminho, e a verdade, e a vida; ninguém vem ao Pai senão por mim.

A bordo do navio missionário *Duff* em um domingo de dezembro de 1796, o capitão James Wilson disse aos seus passageiros: "Eu fui o mais novo de 19 filhos. Quando eu ainda era um rapaz, meu pai, também capitão de navio, me levou para o mar. Eu cresci em meio aos piores tipos de influências. Quando a guerra com os colonos americanos começou, eu me alistei a serviço do rei e lutei na sangrenta batalha de Bunker Hill. Ao voltar para a Inglaterra, consegui trabalho em um dos navios da Companhia das Índias Orientais."

Enquanto navegava em direção à Índia, contou Wilson, seu navio foi capturado e ele foi jogado na prisão. Uma noite, sabendo que seria vendido como escravizado, pulou os muros da prisão em um rio infestado de jacarés. Wilson escapou do rio apenas para ser capturado. Ele foi despido, amarrado e andou por mais de 800 quilômetros. "Não sei como consegui sobreviver àquela caminhada ou às torturas da prisão", ele disse.

Depois de muito tempo, porém, Wilson foi enviado de volta à Inglaterra onde, aos 34 anos, conheceu o pastor John Griffin. "Em três horas de conversa, Griffin me convenceu da fraqueza de minha crença na religião natural e plantou em mim certas verdades que levaram à minha conversão. O texto que ele usou para me convencer foi João 14:6."

Wilson comprou um navio e se tornou o primeiro a transportar missionários para o Pacífico Sul. Em sua pregação, ele repetidamente proclamava João 14:6. Também era o versículo que usava para encorajar seus missionários, dizendo: "Meditem bastante em João 14:6. Jesus é a única força de vida abundante para cristãos desencorajados e a única fonte de vida eterna e esperança para uma humanidade degradada."

Esse é um versículo atemporal para se aprender. Devemos meditar muito sobre ele.

Compare João 14:6 com Atos 4:12, que diz: "E não há salvação em nenhum outro; porque abaixo do céu não existe nenhum outro nome, dado entre os homens, pelo qual importa que sejamos salvos." Jesus é a única estrada que nos leva a Deus; Ele é a verdade personificada; Ele é a fonte e o doador da vida eterna — a única forma de salvação. Tomás de Kempis disse: "Sem o caminho, não há para onde ir; sem a verdade, não há conhecimento; sem a vida, não há como viver."

DICA DE MEMORIZAÇÃO

O discurso de Jesus sobre "Não se turbe o vosso coração" foi interrompido por Tomé que perguntou em João 14:5: "Senhor, não sabemos para onde vais; como saber o caminho?" Tente imaginar o tom de voz que Tomé usou. Foi gentil e sincero ou nervoso e argumentativo? Conforme imagina e reprisa a cena em sua mente, você vai descobrir que memorizou a passagem inteira — João 14:1-6.

Jesus não é uma das muitas maneiras de se aproximar de Deus, nem a melhor de muitas maneiras. Ele é a única maneira.

— A. W. Tozer

25. João 14:27

Deixo-vos a paz, a minha paz vos dou; não vo-la dou como a dá o mundo. Não se turbe o vosso coração, nem se atemorize.

Esse é um dos melhores versículos da Bíblia sobre paz interior falado por nosso Senhor no Sermão do Cenáculo (João 13-17) na noite em que foi traído. Ao ouvirem as palavras de Jesus, os discípulos devem ter ficado tensos com a primeira palavra do versículo: *Deixo-vos.* Ao longo do Sermão do Cenáculo, Jesus procurou preparar os discípulos para Sua morte, ressurreição e partida da terra. Mas, mesmo que fosse para cruz, para a sepultura e para os céus, Ele planejava deixar um aspecto de si para trás: *a paz.*

E não era apenas uma paz genérica e generalizada. Eram Seus próprios domínios interiores de paz infinita: *a minha paz vos dou.* Ele não estava concedendo-a de forma temporária, inconsistente ou condicional: *não vo-la dou como a dá o mundo.* Jesus estava dando um legado de paz que tinha o poder de banir o medo e a preocupação dos corações: *Não se turbe o vosso coração, nem se atemorize.*

Note que esse versículo se desenrola em quatro frases. Você pode memorizar um trecho por vez. Perceba que Jesus estava falando essas palavras para mim e para você tão clara e diretamente quanto estava falando para os discípulos dois mil anos atrás. Quando você memorizar esse versículo, pode fechar os olhos e ouvi-lo dizer essas palavras a qualquer momento.

Deixo-vos a paz, a minha paz vos dou; não vo-la dou como a dá o mundo. Não se turbe o vosso coração, nem se atemorize.

Norma Patterson, de Portland, no Oregon, me ligou outro dia e me contou sobre seus pais idosos. Quando eles estavam com mais de noventa anos — seu pai tinha 93 —, ela foi levá--los para fazer compras. Seu pai aparentemente estava com boa saúde para a idade e havia comprado recentemente um motocultivador para usar em seu jardim. O casal fazia seu devocional todas as manhãs e, naquela em específico, o senhor havia tirado um cartão da Caixa de Promessas que dizia: "Deixo-vos a paz, a minha paz vos dou; não vo-la dou como a dá o mundo. Não se turbe o vosso coração, nem se atemorize (João 14:27). Ele compartilhou o versículo com Norma e então foi se sentar na poltrona para esperar pelo momento em que iam às compras ainda naquele dia, e acabou cochilando. Quando tentaram acordá-lo alguns minutos depois, ele estava no Paraíso. "Quão gratas ficamos", Norma me contou, "por aquele versículo das Escrituras ter servido como bênção final para a vida terrena de meu pai".[48]

❋ Tão preciosa é a paz que foi o único legado deixado para nós pelo nosso Senhor que partiu.[49]

— A. B. Simpson

26. Isaías 26:3

Tu, Senhor, conservarás em perfeita paz aquele cujo propósito é firme; porque ele confia em ti.

Isaías 26 foi escrito por Isaías para a terra de Judá como uma canção de louvor pelas bênçãos do reino do Messias (ver versículo 1). Dentre essas bênçãos está a *perfeita paz.* Os versículos 3 e 4 se complementam e formam uma das mais significativas e memoráveis passagens do Velho Testamento. Perceba como esses versículos se desenvolvem ao longo de frases e fases.

1. **Perfeita paz.** O original em hebraico diz que Deus conservará em *shalom, shalom* aqueles cujo propósito é firme. A palavra *shalom* significa mais do que o cessar de um conflito. Ela dá a ideia de completude, calma de espírito, segurança, graça, felicidade genuína. O uso duplo da palavra multiplica sua intensidade.
2. **Mentes ancoradas.** Quando fixamos nossos pensamentos em Jeová, todas as preocupações são percebidas de uma perspectiva tangível. Colossenses 3:2 diz: "Pensai nas coisas lá do alto, não nas que são aqui da terra." Romanos 8:6 fala sobre como o Espírito está inclinado para a vida e a paz. Precisamos dominar pensamentos ansiosos, direcionando-os forçosamente para Cristo e mantendo nosso propósito firme n'Ele.
3. **Confiança duradoura.** Ao fazermos isso confiamos n'Ele cada vez mais. Fé é o grande antídoto da Bíblia contra o medo, e a fé se fortifica quando focamos em Cristo e não nas crises. Reconhecemos as dificuldades, mas focamos nossas mentes no Libertador.

4. **Força infindável.** Quando mantemos nossos propósitos e nossa confiança firmes n'Ele, experimentamos sua perfeita paz, encontramos força para enfrentar o dia a dia. Temos força suficiente, força infindável. *Tu, Senhor, conservarás em perfeita paz aquele cujo propósito é firme; porque ele confia em ti.*

A passagem favorita dos compositores de hinos

- Augustus Toplady foi impelido a escrever o hino "Rock of Ages"* com base no versículo seguinte, o 4, que chama a Deus pelo título da canção.
- O hino "Like a River Glorious" diz: "Stayed upon Jehovah, hearts are fully blest, / finding as He promised, perfect peace and rest" ["Corações com o propósito firme em Jeová são plenamente abençoados, / encontrando, como Ele prometeu, paz perfeita e descanso"].
- Edward Bickersteth publicou um hino que diz: "Peace, perfect peace, in this dark world of sin? / The blood of Jesus whispers peace within" ["Paz, perfeita paz, neste sombrio mundo de pecado? O sangue de Jesus sussurra paz interior"].
- Outro amado hino acrescenta: "O this full and perfect peace! / O this transport all divine! / In a love which cannot cease, / I am His and He is mine" [Ah, essa completa e perfeita paz! / Em um amor que nunca cessará, / Eu sou Dele e Ele é meu"].

Perfeita, e ainda assim flui mais a cada dia; perfeita, e ainda assim se aprofundando cada vez mais.

— Frances Ridley Havergal

---

* Traduzida no Brasil como "Rocha eterna".

27. Isaías 53:5

> *Mas ele foi traspassado pelas nossas transgressões e moído pelas nossas iniquidades; o castigo que nos traz a paz estava sobre ele, e pelas suas pisaduras fomos sarados.*

A cruz é uma intersecção em cada livro, capítulo e versículo da Bíblia, e nós podemos ver claramente essa ênfase em Isaías 53. Essa é uma parte milagrosa das Escrituras, nos dando um olhar antecipado sobre a vida, morte e ressurreição de nosso Senhor. Apesar de ter sido escrito centenas de anos antes de Cristo, está repleta de detalhes proféticos sobre a paixão do Messias. As imagens do Calvário são tão vívidas que é incrível pensar que foram escritas centenas de anos antes do nascimento de Jesus.

Mas Isaías 53 não apenas nos dá detalhes antecipados da história de Cristo, ele explica seu propósito. *Nós* somos a razão de ele ter sido *transpassado* e *moído* e *castigado* e *pisado*. Sua morte horrível foi redentora por natureza. O tema central pode ser encontrado ao analisarmos alguns dos trechos do versículo: *pelas nossas transgressões... pelas nossas iniquidades... nos traz a paz... fomos sarados.*

A cruz não foi um mero acidente da história ou um ato de violência aleatória. Como o próximo versículo destaca: "Todos nós andávamos desgarrados como ovelhas; cada um se desviava pelo caminho, mas o Senhor fez cair sobre ele a iniquidade de nós todos."

Então, ao estudar Isaías 53:5, leve esse versículo de forma pessoal. Não é apenas profético, é proposital. A grande ênfase reverberando através de cada versículo é a redenção. Por que Jesus nasceu? Por que Ele veio da raiz e da geração de Davi? Por que

Ele cresceu como um homem comum? Por que Ele sofreu rejeição, prisão, flagelos e crucificação? *Ele foi traspassado pelas nossas transgressões e moído pelas nossas iniquidades.*

Isaías tem sido chamado de "O quinto evangelho" porque é repleto de profecias messiânicas. Em Isaías, encontramos o tempo todo informação direta e detalhada sobre Jesus. A passagem mais contundente está no capítulo 53. Enquanto memoriza os versículos 5 e 6, tire um tempo para ler esse trecho com atenção. Note a série de detalhes incríveis e proféticos sobre o Messias e Sua morte, que pode ser organizado cronologicamente da seguinte forma:

- Introdução: um sumário de abertura do Messias (52:12-15)
- Seu nascimento e infância (53:1-2; compare com 11:1)
- Sua aparição (v. 2b)
- Sua rejeição pela parte dos homens (v. 3)
- Ele sendo abandonado por Deus (v. 4)
- Seus flagelos e sofrimentos (v. 5)
- Seu silêncio diante de Seus acusadores (v. 7)
- Sua prisão e morte (v. 8)
- Seu sepultamento (v. 9)
- Sua ressurreição (v. 10a)
- O trabalho que ele fez após a ressurreição (v. 10b-11)
- Sua exaltação e glória (v. 12)

※ Esse capítulo é tão repleto das riquezas inescrutáveis sobre Cristo que pode ser chamado mais de Evangelho de Isaías em vez de intitulado apenas Isaías pelas profecias desse.

— Matthew Henry

28. Isaías 53:6

Todos nós andávamos desgarrados como ovelhas; cada um se desviava pelo caminho, mas o Senhor fez cair sobre ele a iniquidade de nós todos.

Salomão Ginsburg nasceu na Polônia em 1867, filho de um rabino judeu que o nomeou em homenagem ao mais glorioso dos reis de Israel. O rabino Ginsburg idealizou seu filho se tornando um líder espiritual para os judeus da Europa Oriental. Certa noite, quando Salomão tinha 13 anos, ele e seu pai estavam celebrando a Festa dos Tabernáculos em uma pequena tenda perto de sua casa. Salomão pegou um livro dos profetas hebreus e o abriu aleatoriamente em Isaías 53, lendo-o. Aquilo atiçou sua curiosidade. "A quem o profeta está se referindo neste capítulo?", perguntou ao pai. Sua pergunta foi recebida com silêncio, então a repetiu. Dessa vez seu pai esbofeteou seu rosto.

Anos se passaram. Salomão se mudou para Londres onde começou a trabalhar na loja de seu tio, um judeu ortodoxo.

"Em uma tarde de Sabbath, quando passava pela Whitechapel Street", relembra Ginsburg, "conheci um missionário que pregava para judeus — um judeu convertido — que me convidou para que ouvisse sua pregação sobre o capítulo 53 de Isaías na The Mildmay Mission to the Jews [Missão Mildmay para Judeus, em tradução livre], uma instituição que promove a pregação do Evangelho para judeus. Bem, eu estava particularmente interessado naquele capítulo da Bíblia porque não podia deixar de me lembrar daquela cena na tenda, e, claro, fui, por curiosidade, ver se ele tinha uma explicação melhor para dar do que a que meu pai me dera.

"Aquele foi um momento crucial. Eu fui ouvi-lo explicar aquele incrível capítulo profético e, apesar de não conseguir entender completamente no momento, ele se alojou no meu coração. O missionário pediu que eu lesse o Novo Testamento e quando apontou para as maravilhas da vida do Messias e como cada profecia havia se cumprido em Jesus, eu logo fui convencido de que o Filho de Maria, o Crucificado, era o Cristo de Deus, o Messias de Israel, o Rejeitado pelo meu povo."[50]

Ginsburg foi abandonado por sua família, espancado e quase morto por amigos raivosos, mas se tornou um poderoso evangelista e missionário com aventuras suficientes para preencher uma autobiografia e cuja mensagem de vida era o Messias de Isaías 53:6.

Esse versículo começa com *todos nós* e termina com *nós todos*. Ele segue o versículo 5 de forma natural e os dois versículos devem ser memorizados lado a lado. Ambos estão no coração do maior capítulo do Velho Testamento sobre a morte expiatória do vindouro Messias. Os detalhes da crucificação de Cristo que são dados de forma profética em Isaías 53, combinados com sua aplicação pessoal e universal, têm convencido multidões a seguirem Jesus Cristo. Na história de judeus convertidos ao Senhor Jesus, essa passagem é frequentemente mencionada.

À medida que detalhes e detalhes entram em foco e são cumpridos, será que podemos escrever qualquer outro nome sob o incrível retrato que Isaías constrói do sublime Sofredor no capítulo 53 que não Jesus de Nazaré?[51]

— J. Sidlow Baxter

Louvor

Adoração e ações de graça

29. 1Pedro 1:3

> *Bendito o Deus e Pai de nosso Senhor Jesus Cristo, que, segundo a sua muita misericórdia, nos regenerou para uma viva esperança, mediante a ressurreição de Jesus Cristo dentre os mortos.*

Se você fosse uma frase, qual pontuação ia te encerrar?

Sua vida é um ponto de interrogação porque você está sem respostas? Uma vírgula porque você está em transição? Um ponto-final já que tudo está parado? Ou reticências porque você está sempre com pressa, se interrompendo?

Esse versículo pode colocar um ponto de exclamação em nossa vida. É um versículo de louvor. Ele começa com *Bendito...* É um versículo de adoração, centrado no *Pai de nosso Senhor Jesus Cristo*. É um versículo de júbilo, já que Ele *nos regenerou para uma viva esperança*. É um versículo de vitória baseado na *ressurreição de Jesus Cristo dentre os mortos*. É fácil de memorizar porque se desenrola em si mesmo e automaticamente se divide em cinco grandes exclamações.

1. **Louvai a Deus!** No original grego, Pedro começa com "Bendito" e não pausa mais até o fim do versículo 12. É uma frase longa. As traduções dividem essa passagem em uma dúzia ou mais de sentenças, mas no original você tem uma noção da exuberância ininterrupta de Pedro.
2. **Muita misericórdia!** O motivo para a empolgação dele é a grande misericórdia divina. Pedro havia cometido muitos deslizes no passado. Ele poderia ter continuado se culpando, mas sabia que todos os seus pecados haviam sido lavados por uma correnteza de misericórdia.
3. **Regeneração!** O que nos leva à terceira exclamação: *nos regenerou.* O próprio Jesus usou essa analogia quando falou com um líder judeu em João 3, dizendo: "Importa-vos nascer de novo."
4. **Viva esperança!** A regeneração leva à viva esperança. Pedro não estava apenas falando sobre uma edificação intangível. No versículo seguinte, ele descreve "uma herança incorruptível, sem mácula, imarcescível, reservada nos céus para vós outros". Temos um anseio pela vida eterna em um lugar real, com atividades significativas e uma vida de adoração. Paraíso! É isso que a misericórdia nos provê.
5. **Salvador ressuscitado!** Tudo isso é *mediante a ressurreição de Jesus Cristo dentre os mortos.* Quando Jesus morreu, Ele assumiu a culpa que pertence a nós. Quando foi ressuscitado, Jesus derrotou o pecado, a morte, o inferno e a sepultura.

Não é de se espantar que Pedro tenha começado seu livro com a palavra de louvor *Bendito!*. Ele viu Cristo ser ressuscitado e isso instantaneamente transformou sua tristeza em alegria. Quando mais tarde ele quis escrever sua primeira epístola, começou com a empolgação da Páscoa. Pedro escreveu essa carta cerca de três décadas depois da ressurreição de Cristo, e ainda assim seu entusiasmo estava inabalado. Ele ainda sentia a exuberância que havia experimentado anos antes como se tivesse acontecido no dia anterior. Para Pedro, todo dia era Páscoa.

✻ A ressurreição é o eixo no qual todo o cristianismo gira... Sem a ressurreição, o Evangelho não passaria de otimismo esperançoso, ao lado de todas as outras filosofias humanas e especulações religiosas.[52]

— John MacArthur

30. Salmos 100:4

Entrai por suas portas com ações de graças e nos seus átrios, com hinos de louvor; rendei-lhe graças e bendizei-lhe o nome.

O salmo 100 é uma das mais curtas e exuberantes passagens da Bíblia. Leva por volta de trinta segundos para ler, e, se você lê-lo em voz alta todas as manhãs por um mês, vai ter os cinco versículos memorizados para o resto da vida. Não há nada negativo nessa passagem, sem sofrimento, avisos ou problemas. É só clamor, canto, entendimento e gratidão.

Note a imagética do versículo 4. O salmista tem como pano de fundo o templo de adoração do Velho Testamento. Ele está dizendo ao povo para vir até Jerusalém, até o templo, para entrar por suas portas com um espírito grato e nos seus átrios com louvores.

A maioria de nós não vive em Jerusalém, e aquele templo não existe mais. Mas podemos fazer exatamente o que o escritor diz sempre que orarmos, sempre que louvarmos Deus em particular e sempre que prestarmos culto, em igrejas ou em outro lugar.

Entrai por suas portas com ações de graças e nos seus átrios, com hinos de louvor; rendei-lhe graças e bendizei-lhe o nome.

Em uma noite de domingo do verão de 1742, o evangelista John Wesley aventurou-se em uma zona carente de Newcastle-on-Tyne, no norte da Inglaterra. Ele ficou chocado com a miséria física e moral. Acompanhado por um colega, Wesley parou em uma esquina e cantou o salmo 100. Logo uma multidão se aproximou e John começou a pregar.

Não demorou muito e mais de mil pessoas estavam escutando. Aquele foi o começo de um grande trabalho que fez de Newcastle um centro de força para os metodistas no norte da Inglaterra.

Todos que habitam a terra,
antem ao Senhor com alegria.
irvam-no com temor, o louvem em voz alta;
enham diante dele e regozijem-se.

Senhor, vocês sabem, é Deus;
em nossa ajuda, Ele nos fez;
ós somos seu rebanho, Ele nos alimenta,
para ser Suas ovelhas Ele nos toma.

, passem por Suas portas com louvor;
proximem-se com alegria de Seus átrios;
dorem, louvem e bendigam Seu nome sempre,
ois assim deve ser.

or quê? Porque o Senhor nosso Deus é bom;
ua misericórdia é uma certeza eterna;
ua verdade permaneceu firme em todas as ocasiões,
deve durar de era em era.
— William Kethe, 1561

31. Salmos 100:5

Porque o Senhor é bom, a sua misericórdia dura para sempre, e, de geração em geração, a sua fidelidade.

Um pregador dos velhos tempos, reverendo W. Durban de Chester, Inglaterra, uma vez pregou um sermão de três partes com base nesse versículo. Ele falou sobre (1) a Fonte Inesgotável — a bondade divina; (2) o Rio Constante — sua misericórdia eterna; e (3) o Oceano Insondável — sua fidelidade inesgotável.

Eu não posso ganhar disso, mas eu gostaria de sugerir um esquema simples para todo o salmo que talvez o ajude a memorizá-lo. O salmo 100 é formado por duas estrofes e ambas começam com um chamado à adoração. Os versículos 1-3 nos dizem para servir ao Senhor com *alegria*. Devemos celebrá-lo com júbilo. Os versículos 4-5 nos dizem para louvá-lo com *gratidão*, para entrar por Suas portas com ações de graças.

Alegria e *gratidão* são apropriadas para qualquer situação na vida. Há muitos anos, Martin e Gracia Burnham estavam servindo na New Tribes Mission, uma organização missionária evangélica da Flórida, quando foram sequestrados por terroristas. Durante o ano que passaram em cativeiro, eles enfrentaram a fome e muitas vezes se viram no meio de tiroteios. Por fim, ambos foram baleados. Martin foi morto, mas Gracia sobreviveu para contar a história. Ela disse que perto do fim de sua provação, uma das passagens que os sustentou foi o salmo 100. Uma noite, Martin disse: "Sabe, Gracia, eu não sei por que o Senhor permitiu que isso acontecesse, mas hoje estive pensando sobre o salmo 100, sobre como podemos servir ao Senhor com alegria. Só porque estamos aqui, não significa que não podemos servir ao

Senhor com alegria, então vamos servir ao Senhor com alegria." Naquela noite, Martin foi baleado e morto e Gracia foi ferida na troca de tiros. Mas as palavras do salmo 100 nunca deixaram seu coração. "O Senhor tem me dado alegria", foi seu testemunho.[53]

O esquema de Matthew Henry

O grande comentarista Matthew Henry resumiu esse salmo ao listar as sete razões para entrar pelas portas do Senhor com ações de graças.

1. O Senhor é Deus, o único Deus vivente e verdadeiro, infinitamente perfeito, autossuficiente e incompreensível.

2. Ele é nosso Criador, já que foi quem nos fez, e não nós a nós mesmos.

3. Ele é, portanto, nosso Proprietário por direito, e nós somos d'Ele. A Ele pertencemos.

4. Ele é nosso Governante soberano. Somos Seu povo, Seus súditos.

5. Ele é nosso generoso Benfeitor. Não somos apenas Suas ovelhas, mas as ovelhas de Seu pasto, o rebanho que Ele alimenta. Deus nos dá generosamente todas as coisas boas para desfrutarmos.

6. Ele é Deus de infinita misericórdia e bondade, uma fonte que nunca seca.

7. Ele é um Deus de verdade inviolável e fidelidade. Sua verdade resiste para todas as gerações e nenhuma palavra d'Ele deve ser revogada ou se tornar imprópria.

❋ É por um bom motivo que muitos cantam esse salmo muito frequentemente em seus cultos... E se nossos corações seguirem as palavras, devemos fazer disso melodia para o Senhor.

— Matthew Henry

32. Apocalipse 4:11

Tu és digno, Senhor e Deus nosso, de receber a glória, a honra e o poder, porque todas as coisas tu criaste, sim, por causa da tua vontade vieram a existir e foram criadas.

De acordo com meu amigo Frank Fortunato, diretor musical para a OM Internacional, Apocalipse 4-5 é a passagem favorita de muitos líderes de adoração. Esse é possivelmente o principal texto sobre adoração, uma janela virtual aberta para a verdadeira adoração acontecendo no paraíso. Conforme memoriza Apocalipse 4:11, pense no versículo como um resumo de toda a cena ao redor do trono; mas dedique tempo para estudar a passagem de dois capítulos inteira. Aqui está um esquema para ajudá-lo.

1. **Quando adoramos, estamos nos aproximando de um trono glorioso (Apocalipse 4:1-3).** No centro do Paraíso, há um trono literal que é a fonte de poder definitiva para o universo. Ele é descrito muitas vezes na Bíblia (por exemplo, Isaías 6 e Ezequiel 1), e, sempre que adoramos, estamos nos aproximando desse trono de graça e glória.
2. **Quando adoramos, estamos nos juntando a um coro eterno (Apocalipse 4:4-11).** A adoração está acontecendo ininterruptamente em volta do trono. Os 24 anciãos talvez sejam símbolos da igreja ao redor do mundo, e os quatro seres viventes talvez representem o mundo angelical. Eu não acho que nossa vida no Céu será literalmente um longo culto, vamos fazer muitas coisas ao longo da eternidade. Mas, sempre que quisermos, vamos ser capazes

de caminhar pela larga avenida da Nova Jerusalém, em direção ao coração da cidade; e, à medida que nos aproximarmos do trono, vamos ouvir a música e sentir o chão vibrando sob nossos pés. Nós nos uniremos à canção em doce harmonia e então cercaremos o trono.

3. **Quando adoramos, estamos louvando um Deus triuno (Apocalipse 5:1-10).** Repare na Trindade nesses capítulos. No capítulo 4, Deus, o Pai, é enfatizado. Apocalipse 5 é uma descrição do Deus Filho. Em ambos os capítulos temos referências ao Espírito Santo (Apocalipse 4:5 e 5:6; compare com Apocalipse 1:4).
4. **Quando adoramos, estamos glorificando um Senhor digno.** Ele é digno de receber a glória, a honra e o poder.

A adoração é a bússola da alma. Alguém sem padrões pessoais de adoração é como um navio ou um avião sem estabilizador ou direção. Quando adoramos, estamos alinhando nossas mentes com a Verdade, nossas imaginações com a glória divina, nossas emoções com a estabilidade do Senhor e nossas almas com os cânticos de Deus. Quando adoramos, estamos nos aproximando de um trono glorioso, nos juntando a um coro eterno, louvando um Deus triuno e glorificando um Senhor digno, dizendo: "Tu és digno, Senhor e Deus nosso, de receber a glória, a honra e o poder, porque todas as coisas tu criaste, sim, por causa da tua vontade vieram a existir e foram criadas" (Apocalipse 4:11).

❋ Em Apocalipse 4 e 5... todo Céu se junta aos anjos, anciãos, ao coro celestial e dez mil vezes dez mil para cantar e tocar hinos ao Senhor.[54]

— Vernon Whaley

PROMESSAS

Versículos nos quais se apoiar

33. Mateus 6:33

> *Buscai, pois, em primeiro lugar, o seu reino e a sua justiça, e todas estas coisas vos serão acrescentadas.*

Após um pouso forçado no Oceano Pacífico durante a Segunda Guerra Mundial, o capitão Eddie Rickenbacker e sua tripulação ficaram à deriva por 24 dias. A sobrevivência se deu, em grande parte, a um Novo Testamento a prova d'água; e uma das passagens que eles mais apreciavam era Mateus 6:31-34. "Essa é a melhor coisa que já ouvi", disse um dos homens ao ouvir a passagem. "Leia de novo, coronel."[55]

Mateus 6:19-34 é o ensinamento definitivo de nosso Senhor sobre o pecado da preocupação. Uma vez que você memorizar seu versículo central, Mateus 6:33, vai poder se apoiar nele de novo e de novo. Aqui está um esquema da passagem conforme ela se desenrola. Estude-o enquanto trabalha nesse grande versículo.

1. **Preocupar-se indica um sistema de valores inadequado (Mateus 6:19-25).** Há questões mais importantes do que comida, vestimenta, moradia e entretenimento.

2. **Preocupar-se indica uma autoimagem defeituosa (Mateus 6:26).** Somos mais valiosos do que qualquer coisa que Deus tenha feito, incluindo as aves do céu.
3. **Preocupar-se indica uma forma de pensar defeituosa. (Mateus 6:27).** A ansiedade não acrescenta nem uma hora sequer em nossa vida, tampouco um centímetro à nossa altura. É um exercício inútil e uma forma de pensar ineficiente.
4. **Preocupar-se indica uma confiança em Deus defeituosa (Mateus 6:28-30).** Fé é a habilidade de manter a nossa força interior por confiar nas promessas de Deus em meio aos problemas da vida. Não devemos nos deixar cair na categoria que Jesus chamou de "homens de pequena fé".
5. **Preocupar-se indica um propósito de vida defeituoso (Mateus 6:31-33).** Se cuidarmos das coisas que são importantes para Deus, Ele cuidará das coisas que são importantes para nós.
6. **A ansiedade indica uma visão do futuro defeituosa. (Mateus 6:34).** Nesse versículo, Jesus nos diz especificamente para lidar com os problemas de hoje e não nos preocuparmos com os de amanhã.

Rosalind Goforth, missionária veterana na China, escreveu um pequeno livro encorajador intitulado *How I Know God Answers Prayer* [Como eu sei que Deus responde às orações, em tradução livre] no qual ela nos conta sobre praticar esse versículo quando criança. O Domingo de Páscoa chegou certo ano durante uma época quente de primavera e todo mundo havia guardado suas roupas de inverno. Rosalind não tinha um vestido de Páscoa e decidiu que preferia ficar em casa do que vestir sua roupa de inverno. Indo para o seu quarto, ela abriu sua Bíblia e seus olhos pousaram em Mateus 6:33. "Foi como se Deus estivesse falando aquelas palavras diretamente para mim", disse ela. Por que se preocupar com as roupas? Buscai primeiro o reino. Rosalind colocou seu vestido antigo e lutou contra o sentimento de humilhação quando chegou à igreja. A mensagem de Páscoa a tocou profundamente; e, no dia seguinte, chegou uma caixa de uma tia distante, contendo não somente vestidos novos, mas muitas outras coisas.[56]

Buscai primeiro o Senhor, e ele então proverá tudo que lhe for útil nessa vida e o coroará com tudo que é glorioso no porvir.[57]

— Charles Spurgeon

34. Romanos 8:28

Sabemos que todas as coisas cooperam para o bem daqueles que amam a Deus, daqueles que são chamados segundo o Seu propósito.

Romanos 8:28 é o versículo favorito de milhões de pessoas ao redor do globo. É provavelmente a maior promessa na Bíblia, já que resume todas as outras. É a base para o otimismo e a promessa que nos transforma em resilientes, qualquer que seja nosso temperamento. É a câmara escura de Deus, onde negativos são transformados em positivos. É sua máquina de reverter situações, em que amolação é transformada em adoração. É o alicerce da esperança e a fonte da confiança. Até mesmo nossas falhas podem se tornar enriquecedoras e nossos pecados podem ser redimidos. Até mesmo a morte se torna uma bênção para os filhos de Deus.

Romanos 8:28 é inclusivo, extremamente poderoso e sempre disponível. É tão onipotente quanto o Deus que o assinou e selou. É tão amoroso quanto o Salvador que morreu para torná-lo real. Ele pode fazer tudo o que Deus pode, como curar qualquer dor e resolver qualquer problema. Não é mera banalidade, mas uma promessa divina. Não é uma meta, mas uma garantia. Não é uma ilusão, mas um raio de providência todo-poderosa que cai diretamente em nosso caminho a cada dia e a cada momento.

O Senhor move céus e terra para cumprir essa promessa. Ele coloca Seu olho no microscópio da supervisão providencial e analisa os menores detalhes de nossa vida, trançando-os em uma tapeçaria de bênçãos, garantindo que a bondade e a misericórdia nos sigam todos os dias.

Ao memorizar esse versículo, lembre-se de que a primeira parte é a promessa e a última parte é a condição. O início nos diz o que Deus vai fazer ao garantir que todas as coisas cooperem para o nosso bem. O final nos dá nossa responsabilidade — amar a Ele e sermos fiéis aos Seus propósitos em nossa vida. Memorize Romanos 8:28 e você nunca mais vai se sentir angustiado![58]

Tudo o que acontece com você é para o seu próprio bem. Se você é atingido pelas ondas, elas apenas aceleram seu navio em direção ao porto. Se raios e trovões surgem, é porque a chuva limpa a atmosfera e providencia o crescimento de sua alma. Você ganha ao perder, você se torna mais saudável na doença, você vive ao morrer, e se torna rico em suas perdas.

Será que você poderia pedir por uma promessa melhor? É muito melhor que todas as coisas cooperem para o meu bem do que todas as coisas sejam como eu desejei que fossem. Todas as coisas poderiam cooperar para meu prazer e ainda assim me trazerem à ruína. Mesmo que todas as coisas nem sempre me agradem, elas sempre me beneficiarão.

Essa é a melhor promessa dessa vida.[59]

— Charles H. Spurgeon, sobre Romanos 8:28

⁂ Não somos capazes de entender plenamente agora, mas quando estivermos na glória, nas alturas, vamos olhar com alegria para as coisas que sofremos, porque vamos saber que mesmo as mais difíceis provações eram parte de "todas as coisas" que cooperaram para o nosso bem eterno.[60]

— John A. Broadus

35. Jeremias 29:11

Eu é que sei que pensamentos tenho a vosso respeito, diz o Senhor; pensamentos de paz e não de mal, para vos dar o fim que desejais.

Este é um versículo que você geralmente vê em plaquinhas na parede. Algumas vezes escrito em uma bela caligrafia ou impresso sobre imagens de águias sobrevoando. Pode ser encontrado em canecas de café e pratos decorativos. Mas poucas pessoas têm estudado seu contexto.

Jeremias 29 é uma carta que Jeremias enviou para os judeus cativos que haviam sido retirados de suas casas e alojados em isolamento na Babilônia. Outros profetas estavam declarando que Deus ia realizar um milagre e entregar a nação de Judá, como havia feito no passado. A mensagem de Jeremias era o oposto, na verdade, ela dizia: "O Senhor não vai nos salvar desta vez. Nossos pecados nos afastaram tanto Dele que restou apenas o juízo. E ainda assim o julgamento de Deus é misericordioso. Pode levar setenta anos, mas Deus vai reestabelecer nossa nação e seus planos finais são irredutíveis. Seus propósitos são obstinados e vão se realizar no fim." Esse é o contexto em que encontramos o versículo 11.

Aqui está um guia simples de estudo para a passagem, o qual vai ajudá-lo a entender e memorizar o versículo principal. Depois de dar o plano de fundo nos versículos 1-3, Jeremias aconselha aos exilados:

1. **Tire o melhor da situação (v. 4-6).** Aquiete-se, aceite que vai ficar aí por um longo período, siga com sua vida e tire o melhor possível da situação. Edifiquem casas.

Plantem pomares. Casem-se. Gerem filhos. Tenham esperança. Não desistam. Vocês talvez estejam onde não querem estar, mas tirem proveito de onde estão. Não desperdicem seus anos desejando que algo tivesse ou não tivesse acontecido. Não se deixem consumir pelo que não pode mudar. Apenas aquiete-se e faça o melhor possível exatamente onde está.

2. **Ore onde estiver (v. 7).** Orai pela nação na qual está exilado. Orai pelo *shalom* do país onde está. Melhore suas circunstâncias por meio da oração.
3. **Cuidado com as vozes erradas (v. 8-9).** Não deem ouvidos à falsa esperança ou a mensagens que não partam de Deus.
4. **Enxergue as coisas em longo prazo (v. 10).** Nesse momento, Jeremias profere sua famosa profecia dizendo que após setenta anos Deus levaria os cativos de Judá de volta e restauraria a nação de Israel. Nossas perspectivas de longo prazo são sempre melhores que nossas condições imediatas.
5. **Tenha esperança nos planos de Deus (v. 11).** Esse é nosso texto-chave, nosso versículo a memorizar.
6. **Buscai o Senhor acima de tudo (v. 13-14).** Os próximos dois versículos nos lembram de que Deus tem planos de nos fazer prosperar, nos dar esperança e um futuro, devemos buscá-lo de todo coração.

O versículo 11 é uma promessa poderosa a se declarar quando estamos em "exílio". Deus pensa sobre você individualmente e tem planos para você... Não precisa temer o futuro.[61]

— Warren Wiersbe

36. 1João 1:7

Se, porém, andarmos na luz, como ele está na luz, mantemos comunhão uns com os outros, e o sangue de Jesus, seu Filho, nos purifica de todo pecado.

Anos atrás, o evangelista Charles Finney pregou sobre esse versículo em Detroit e depois do culto um estranho pediu que ele fosse até a sua casa para falar sobre sua alma. Contra o conselho de amigos, Finney o seguiu por uma rua paralela, até um beco e então porta adentro dos fundos de um estabelecimento. O homem então tirou um revólver do bolso e disse: "Vê esse revólver? Ele já matou quatro pessoas... Há alguma esperança para um homem como eu?"

Finney simplesmente repetiu o texto de seu sermão: "O sangue de Jesus Cristo nos purifica de todo pecado."

O homem explicou que era dono de um bar e havia vendido todo tipo de substância para todo tipo de gente. De novo, perguntou: "Há alguma esperança para um homem como eu?"

E, de novo, Finney respondeu: "O sangue de Jesus Cristo nos purifica de todo pecado."

O homem continuou: "Nos fundos deste lugar há uma casa de apostas... Não há uma máquina decente no lugar... Homens já saíram do lugar para cometer suicídio... Há alguma esperança para um homem como eu?"

Finney disse: "O sangue de Jesus Cristo nos purifica de todo pecado."

O homem confessou que ele havia traído a esposa e sido abusivo com a própria família. Baixando a cabeça, perguntou: "Irmão Finney, há alguma esperança para um homem como eu?"

Finney segurou o homem pelos ombros e disse: "Ah, filho. Que história sombria você tem a contar. Mas Deus diz: 'O sangue de Jesus, seu Filho, nos purifica de todo pecado.'"

Na noite seguinte, o homem e sua família vieram para o culto da igreja de Finney, ouviram o evangelho e entregaram suas vidas ao Senhor Jesus Cristo.

O sangue de Jesus, seu Filho, nos purifica de todo pecado.

Charles Finney usava esse versículo para evangelizar, mas em seu contexto ele é dirigido aos cristãos. João estava escrevendo para membros da congregação, encorajando-os a andar na luz e confessar seus pecados para que pudessem manter seu relacionamento com o Senhor agradável e forte. Precisamos andar na luz.

Talvez haja um pecado no qual você repetidamente caia. Não é saudável manter esse pecado não confessado. Se reconhecermos Jesus como nosso Salvador, não perdemos nossa salvação toda vez que pecamos, mas perdemos o candor que devemos ter com nosso Pai celestial. Perdemos nossa consciência e uma vereda imaculada. Quão maravilhoso é confessarmos nossos pecados e andarmos na luz, assim como Ele está na luz.

❋ Eu encontro uma libertação rápida simplesmente repetindo "O sangue de Jesus me purifica de todo pecado". É como se Satanás não pudesse suportar a menção do nome; ele sempre foge.

— Hannah Whitall Smith

37. 1João 1:9

Se confessarmos os nossos pecados, ele é fiel e justo para nos perdoar os pecados e nos purificar de toda injustiça.

Certo domingo, enquanto pregava em minha igreja em Nashville, eu disse que os cristãos precisavam "prestar contas frequentemente" com Deus. Precisamos confessar nossos pecados rápida e completamente, para que nenhuma corrosão surja na nossa conexão espiritual com Deus. Eu fui interrompido por um jovem que nunca havia visto antes e que nunca mais vi desde então. Levantando-se de súbito, ele gritou: "Senhor! Senhor! Isso está errado."

Ele teve o saudável efeito de despertar todo mundo instantaneamente. "Quando aceitamos Cristo como nosso Salvador", insistiu ele. "Ele perdoa todos os nossos pecados, do passado, do presente e do futuro. Não precisamos confessar os pecados que foram perdoados aos Seus olhos de novo."

É verdade que todos os nossos pecados são instantaneamente perdoados — passado, presente e futuro. Ainda assim, Jesus nos ensinou a orar: "Perdoa-nos as nossas dívidas, assim como nós temos perdoado aos nossos devedores" (Mateus 6:12). E, como lembrei ao meu jovem questionador aquela noite, 1João 1:9 foi expressamente escrito para ouvintes cristãos. De acordo com o parágrafo seguinte, 1João 2:1-2, o evangelista escreveu esse livro para que evitássemos o pecado em nossa vida ("Vos escrevo para que não pequeis"). Mas ele acrescentou: "Se, todavia, alguém pecar, temos Advogado junto ao Pai, Jesus Cristo, o Justo."

Não é que sejamos salvos e então perdidos, perdidos e então salvos, de novo e de novo. É, na verdade, sobre manter uma constante, consciente, relação com nosso Senhor. É obviamente possível que cristãos pequem. Nunca conheci alguém que não tenha pecado. Isso não significa que tenhamos perdido nossa salvação; mas o pecado coloca, sim, em risco a vitória e a vitalidade de nossa fé. Confessar significa que reconhecemos nossas falhas e humildemente pedimos a Deus que nos ajude a superá-las.

Alguns pecados são tão intensamente viciantes que exigem uma enorme quantidade de tempo, esforço, confissão, aconselhamento e dedicação vencê-los. Se você estiver batalhando com um pecado constante, não desista. Continue memorizando trechos das Escrituras que tenham a ver com sua fraqueza. Continue antecipando situações de tentação e evitando suas armadilhas. Como Daniel, decida firmemente não se contaminar e peça a Deus uma vitória completa.

Talvez nunca sejamos perfeitos nesta vida, mas, por meio do poder do sangue de Jesus Cristo, podemos ter vitória consistente sobre o pecado; e 1João 1:9 é um versículo poderoso para armazenar no arsenal de nossa mente.

⁂ Precisamos confessar nossos pecados imediatamente. A razão pela qual o lavatório foi polido tão cuidadosamente foi para que refletisse a imagem da pessoa parada em frente a ele, que viesse lavar suas mãos e pés. Essa é a representação de examinarmos a nós mesmos com a ajuda do Espírito Santo e confessarmos qualquer pecado com que nos deparemos. A Bíblia nos diz: "Se confessarmos os nossos pecados, ele é fiel e justo para nos perdoar os pecados e nos purificar de toda injustiça."[62]

— Bill Bright

38. Provérbios 3:5

Confia no Senhor de todo o teu coração e não te estribes no teu próprio entendimento.

Se Deus pode orientar os pássaros em suas migrações e os planetas em suas órbitas, Ele tem um plano para nossa vida e pode nos guiar de forma adequada. Muitos textos bíblicos nos garantem orientação divina, e entre os melhores está Provérbios 3:5-6. Juntos, temos três ordens e uma promessa abrangente.

TRÊS COMANDOS

1. **Confie no Senhor de todo seu coração.** Podemos confirmar na promessa do Senhor porque podemos confiar no próprio Senhor que é imutável, infalível, inquestionável e ilimitado.
2. **Não te estribes no teu próprio entendimento.** Isso não significa que não devemos pensar sobre decisões que devemos tomar ou usar a mente que Deus nos deu. Significa que pensamos nessas coisas em total submissão à vontade de Deus e completamente consciente de Seu conhecimento superior sobre as coisas que dizem respeito a nós.
3. **Pense n'Ele em todos os seus caminhos.** Reconheça-O dizendo: "Senhor, eu quero entregar esse dilema ou decisão ao Senhor. Eu desejo Sua perfeita vontade."

UMA PROMESSA

1. **Ele o guiará pelos caminhos corretos.** Ele vai direcioná-lo em todos os seus caminhos, dando-lhe sabedoria para fazer o que é melhor e organizando providencialmente as circunstâncias da vida de acordo com Sua vontade. Ele vai guiá-lo no caminho correto.

Burleigh Law serviu como piloto de selva na África Central. Um dia, ele decolou com céu limpo, mas logo percebeu nuvens carregadas a distância. E elas estavam se juntando a uma velocidade assustadora. Burleigh rapidamente procurou por uma pista de pouso, mas não havia nenhuma. Brechas de céu azul surgiram nas nuvens aqui e ali, e ele continuou direcionando seu avião para elas. Era como uma agulha percorrendo tecido. Burleigh estava perdido nos céus, dependendo inteiramente da navegação a olho nu. Finalmente, vendo um trecho de terra, conseguiu pousar são e salvo.

De repente, um automóvel acelerou em direção a seu avião e uma enfermeira saltou dele e correu ao avião, gritando: "Não sei de onde você veio, mas sei que é uma resposta às nossas orações." Aquela mulher estava hospedada com um casal de missionários que haviam estado isolados em uma estação remota por meses. A situação política arriscada havia feito com que eles ficassem sem contato com o mundo exterior. As estradas estavam intransitáveis e as pontes bloqueadas. A esposa do missionário havia ficado doente, com febre e com um possível diagnóstico de raiva. Naquela manhã, eles haviam reunido os cristãos na vila e a congregação havia clamado por orientação divina. Naquele dia, o Senhor moveu as nuvens de tempestade para direcionar e guiar Burleigh Law e seu pequeno avião para aquele pequeno pedaço de terra.[63]

Ele pode direcionar nossos caminhos, mesmo que eles sejam entre nuvens!

Todas as manhãs quando entrava no Salão Oval, ele citava Provérbios 3:5-6. Era como ele começava o dia.[64]

— Billy Zeoli sobre o presidente Gerald Ford

39. Provérbios 3:6

Reconhece-o em todos os teus caminhos,
e ele endireitará as tuas veredas.

No Sermão do Monte, Jesus nos disse para entrarmos pela porta estreita, pois larga é a porta, e espaçoso, o caminho que conduz à perdição, e são muitos os que entram por ela. "Porque estreita é a porta, e apertado, o caminho que conduz para a vida" (Mateus 7:4), disse ele, "e são poucos os que acertam ela". Ao memorizarmos Provérbios 3:6, precisamos nos manter, por meio da oração, no caminho correto a cada momento. Veja esses outros versículos que também falam sobre andarmos no caminho correto, como vemos em Provérbios 3:6.

- O que **anda na retidão** teme ao Senhor (Provérbios 14:2).
- Ele **endireitará as tuas veredas** (Provérbios 3:6).
- No caminho da sabedoria, te ensinei e pelas **veredas da retidão** te fiz andar (Provérbios 4:11).
- Disciplina rigorosa há para o que **deixa a vereda**, e o que odeia a repreensão morrerá (Provérbios 15:10).
- Abandonando o **reto caminho** se extraviaram. (2Pedro 2:15).
- O homem sábio **anda retamente** (Provérbios 15:21).
- Os que a muitos **conduzirem à justiça**, como as estrelas, sempre e eternamente (Daniel 12:3).
- Irmãos, se alguém for surpreendido nalguma falta, vós, que sois espirituais, **corrigi-o com** espírito de brandura (Gálatas 6:1).
- Ensina a criança no **caminho em que deve andar**, e, ainda quando for velho, não se desviará dele (Provérbios 22:6).

- Ensinando-lhes **o bom caminho** em que andem (1Reis 8:36).
- Ouve, filho meu, e sê sábio; guia **retamente no caminho** o teu coração (Provérbios 23:19).
- Por isso, restabelecei as mãos descaídas e os joelhos trôpegos; e fazei **caminhos retos para os pés**, para que não se extravie o que é manco; antes, seja curado (Hebreus 12:12-13).
- Ensina-me, Senhor, o **teu caminho** (Salmos 27:11).
- Faze-me, Senhor, conhecer **os teus caminhos**, ensina-me as tuas veredas (Salmos 25:4).
- Senhor, guia-me na tua justiça... endireita diante de mim **o teu caminho** (Salmos 5:8).
- Guia-me pelas **veredas da justiça** por amor do seu nome (Salmos 23:3).
- Conduziu-os pelo **caminho direito**... Rendam graças ao Senhor por sua bondade e por suas maravilhas para com os filhos dos homens (Salmos 107:7-8).
- O bom siso te guardará... para te livrar do caminho do mal... dos que deixam **as veredas da retidão** (Provérbios 2:11-13).
- E, prostrando-me, adorei ao Senhor e bendisse ao Senhor, Deus do meu senhor Abraão, que me havia conduzido por um **caminho direito** (Gênesis 24:48).

❋ Senhor Jesus, quando eu começar a ficar atordoada e fraca por causa do que vejo diante de mim, volte os meus olhos de volta ao Senhor. Obrigada, querido Pastor, que me guia nas veredas da retidão.[65]

— Hannah Hurnard

40. 1Coríntios 10:13

Não vos sobreveio tentação que não fosse humana; mas Deus é fiel e não permitirá que sejais tentados além das vossas forças; pelo contrário, juntamente com a tentação, vos proverá livramento, de sorte que a possais suportar.

Enquanto me debruçava sobre essa passagem, me surpreendi ao descobrir que, enquanto esse é um grande versículo para todos, é particularmente direcionado para cristãos mais antigos que estão na estrada há algum tempo. No fim do capítulo anterior, Paulo admitiu: "Mas esmurro o meu corpo e o reduzo à escravidão, para que, tendo pregado a outros, não venha eu mesmo a ser desqualificado."

No capítulo 10, o apóstolo fala sobre o assunto dos israelistas, que, tendo começado a jornada em direção à terra prometida com grandes sonhos, cometeram erros durante o percurso. Eles atravessaram o Mar Vermelho, se alimentaram de maná e beberam água diretamente da rocha. Mas foram desviados por seus próprios erros e sua falta de fé.

"Estas coisas... foram escritas para advertência nossa, de nós outros sobre quem os fins dos séculos têm chegado", disse Paulo, "Aquele, pois, que pensa estar em pé veja que não caia. Não vos sobreveio tentação que não fosse humana" (1Coríntios 10:11-13).

Paulo, um missionário veterano, sempre batalhou para se manter disciplinado em sua vida. Os israelitas, tendo experienciado os mais únicos milagres no Velho Testamento, tropeçaram. Não importa o quão madura nossa fé cristã, não estamos a salvo dos perigos das tentações comuns a todos. Mas Deus é fiel. Ele não permitirá que sejamos tentados além daquilo que podemos suportar e providenciará uma rota de escape.

O termo grego para "rota de escape" é a palavra usada para uma passagem para fora de cânion. Algumas vezes, as pessoas vagavam por desfiladeiros e não podiam enxergar nenhum caminho para sair deles. Eles acreditavam que estavam presos. Mas, se procurassem bastante, havia uma passagem de cabras em algum ponto, um caminho para a saída.

Nossa melhor rota de escape é nos manter intencionalmente perto de Cristo de forma constante. Tendo o próprio Jesus resistido à tentação e a vencido, Ele conhece o caminho para fora do cânion.

Quando atletas são presos durante brigas em lugares como clubes de striptease e brigas de cães, dizemos coisas como "Que idiota! Por que arriscar milhões de fãs e contratos de milhões de dólares se colocando voluntariamente no lugar errado e na hora errada?". Ainda assim, fazemos o mesmo quando vamos a qualquer lugar que exponha nossos corações a tentações desnecessárias. Isso pode ser um lugar para se divertir, como o apartamento de uma namorada, a tela de um computador, uma balada, um catálogo ou mesmo um shopping. É como a história do homem que diz ao médico que quebrou seu braço em dois lugares. O médico responde: "Bem, então pare de ir a esses dois lugares."

❋ A tentação é o tentador olhando pelo buraco da fechadura para o quarto onde você está vivendo; o pecado é você abrir o ferrolho e deixar que ele entre.[66]

— J. Wilbur Chapman

41. Salmos 55:22

Confia os teus cuidados ao Senhor, e ele te susterá; jamais permitirá que o justo seja abalado.

John Fletcher é conhecido historicamente como o piedoso vigário de Madeley, mas, em 1755, ele ficou profundamente desmotivado. Em uma quinta-feira, em 23 de janeiro, Fletcher se sentiu tão desanimado que quase perdeu as esperanças. "Tendo continuado em minhas súplicas até quase uma da manhã", conta em seu diário. "Abri minha Bíblia e bati os olhos nessas palavras: 'Confia os teus cuidados ao Senhor, e ele te susterá; jamais permitirá que o justo seja abalado.' Repleto de alegria, eu caí novamente de joelhos para implorar a Deus para que pudesse sempre me entregar aos cuidados d'Ele. Minha esperança então aumentou enormemente."[67]

Esse versículo já fez o mesmo por mim várias vezes. Eu me lembro de aprender sobre ele durante meu segundo ano de faculdade, quando estava desanimado. Meu colega de quarto, vendo que eu estava desanimado, me mostrou esse versículo que imediatamente tocou meu coração. Eu o memorizei e o amo desde então.

No salmo 55, o rei Davi estava angustiado. Um monte de gente estava lhe causando problemas. Não sabemos se era algo estritamente pessoal (já que Davi era um ser humano, afinal, com vários tipos de emoção) ou se envolvia guerras (já que ele era o líder de Israel). Qualquer que fosse o caso, Davi tinha vários inimigos, e um deles, um amigo próximo e aliado, o havia traído e mudado de lado. Davi estava devastado, e foi isso que gerou esse salmo (v. 1-3 e 12-14).

Fosse profissional, político ou ambos, Davi sabia que uma ferida tão profunda precisava ser entregue imediata e irrevogavelmente ao Senhor (veja os versículos 16-18). Ganhando forças novamente, ele terminou o salmo 55 com esta exortação a nós: "Confia os teus cuidados ao Senhor, e ele te susterá."

Um velho rabino judeu estava com uma carga pesada quando se juntou à caravana de um comerciante árabe. Olhando para o líder religioso, o outro disse: "Jogue sua carga sobre meu camelo." Mais tarde, o rabino usou esse incidente para ilustrar esse versículo. Quando confiamos no Senhor estamos tirando de nós o fardo e lançando nossos problemas e preocupações sobre Ele.

Esse versículo é a inspiração para o grande hino alemão escrito por Georg Neumark, um que deveria ser conhecido por todos os cristãos do mundo: "Se tu apenas permitires que Deus te guie", ou, como dizem os hinários mais recentes: "Se você apenas deixar Deus te guiar."

Se você apenas permitir que Deus o guie,
e esperar em Deus por todos os seus caminhos,
Ele lhe dará força, não importa o que aconteça,
E o sustentará nos dias maus.
Aquele que confia no amor imutável de Deus
constrói sobre a rocha que
nada pode mover.[68]

❋ Deus ouve o chamado daqueles em necessidade, das almas que realmente confiam n'Ele.

— Georg Neumark

42. 1Pedro 5:7

Lançando sobre ele toda a vossa ansiedade,
porque ele tem cuidado de vós.

Essa é a versão de Salmos 55:22 do Novo Testamento e é fácil de memorizar se absorvermos uma palavra ou trecho por vez.

- **Lançar.** Essa palavra significa "arremessar, remover algo de um lugar para outro". Onde está sua inquietação agora? Onde está sua preocupação? Quando a lança sobre Ele, você a está removendo de seu coração e colocando-a sobre o d'Ele. A palavra grega usada aqui só aparece outra vez no Novo Testamento, na história da entrada triunfal. Os discípulos de Nosso Senhor tiraram suas capas e *as puseram sobre* o jumentinho como uma sela para Jesus.
- **Toda.** Eu nunca vou esquecer a noite quando, profundamente preocupado, eu vi a palavra "toda". Ela me atingiu feito uma bigorna. Não há isenções, exceções ou exclusões.
- **Vossa.** É pessoal, é para você. Significa o conjunto único de circunstâncias que estão lhe causando problemas no momento.
- **Ansiedade.** A palavra grega usada aqui significa "preocupações e ansiedades". Isso não significa que não devemos nos preocupar, deixar de orar ou dar atenção aos problemas. Nesse caso, estamos falando sobre a ansiedade incapacitante e disfuncional que pode nos abalar como a um prédio sendo demolido.
- **Sobre Ele.** "Ele" é Deus. Devemos nos humilhar diante d'Ele, dizendo, "Senhor, eu tenho um problema com o qual não posso lidar, mas Você pode. Apoio-me em Sua graça" (ver versículos 5-6).

- **Porque ele tem cuidado de vós.** Esta é a declaração sobre a qual a ordem é dada. A ordem é que lancemos sobre Ele nossa ansiedade. A base é essa: Deus realmente se importa conosco.

❋ Entregue tudo o que lhe aflige nas mãos cheias de graça d'Aquele que nunca o abandona, que comanda o Céu e a Terra. Aquele que aponta a direção às nuvens, a quem os ventos e as ondas obedecem, Ele dirigirá seus passos e lhe encontrará um caminho.

— Paul Gerhardt

SANTIDADE

Obedecendo às ordens divinas

43. 2Crônicas 7:14

> *Se o meu povo, que se chama pelo meu nome, se humilhar, e orar, e me buscar, e se converter dos seus maus caminhos, então, eu ouvirei dos céus, perdoarei os seus pecados e sararei a sua terra.*

Na Bíblia, o livro definitivo sobre avivamento é 2Crônicas e esse é o versículo principal. É direcionado àqueles que clamam a Deus e apresenta uma fórmula 4/3 para o avivamento.

REQUISITOS PARA O AVIVAMENTO

1. **Humilhar-se.** O orgulho é uma barragem que impede as correntes do avivamento pessoal e coletivo.
2. **Orar.** Os maiores avivamentos da história foram pedidos em oração por almas atribuladas.
3. **Buscar.** Leve a sério seu relacionamento com Cristo e os hábitos espirituais que nos aproximam d'Ele.
4. **Se afastar dos nossos maus caminhos.** Se estivermos fazendo qualquer coisa descuidada, imoral ou desobediente, precisamos confessar sobre isso e restabelecer a obediência nessa área de nossa vida.

AS PROMESSAS DE AVIVAMENTO

1. **Eu ouvirei dos céus.** Deus vai ouvir nossas orações tão cuidadosamente quanto ouviu as de Salomão em 2Crônicas 6.
2. **Perdoarei seus pecados.** Deus é especializado em perdão. Não há nenhum pecado na terra que Ele não vá perdoar instantânea e permanentemente, se esse for sinceramente confesso em nome do sangue da cruz.
3. **Sararei sua terra.** Será que alguma terra já precisou mais urgentemente ser sarada do que a nossa? Será que alguma geração precisou mais de avivamento do que esta?

Quando era jovem, George Müller estava em total decadência, entrando e saindo da prisão. Um amigo o convidou para um estudo bíblico, e aquele acabou se tornando um momento em que sua vida mudou. Müller chegou a estabelecer organizações missionárias e ministérios, todos eles operados pela fé e oração. Quando ele publicou um relato sobre as respostas que recebeu às suas orações, as cópias chegaram até a Irlanda.

Em janeiro de 1857, James McQuilkin, incentivado pelo livro de Müller, começou um grupo de oração por conta própria. Dentro de dois anos, um espírito de avivamento se instaurou em uma igreja próxima conforme McQuilkin pregava. Cristãos empolgados levaram a chama da renovação espiritual para outros lugares e um avivamento se alastrou por toda a Irlanda. É estimado que até mil pessoas por dia entregaram suas vidas a Jesus. Os negócios ficaram estagnados porque as pessoas não podiam fazer mais nada até que se entregassem a Deus. Homens não conseguiam dormir à

noite, eles estavam sob uma convicção tão forte que choravam e oravam ao longo da noite em suas casas. As igrejas ficavam lotadas a todo o momento. Cisões e conflitos evaporaram. As cadeias ficaram vazias, e as igrejas, cheias. As pessoas começaram a se preocupar com os pobres, e o país se tornou quase que como uma nova terra. Hoje em dia, isso ficou conhecido como O Avivamento Irlandês de 1859.[69]

Deus, de maneira voluntária, deu a nós, o Seu povo, um pacto de restauração em 2Crônicas 7:14. Ele vai ser fiel à palavra de seu pacto, e Ele quer que cumpramos nossa parte.[70]

— Wesley Duewel

44. Romanos 12:1

Rogo-vos, pois, irmãos, pelas misericórdias de Deus, que apresenteis o vosso corpo por sacrifício vivo, santo e agradável a Deus, que é o vosso culto racional.

Romanos é o livro mais importante da Bíblia quando se trata de expor a teologia cristã essencial. Os primeiros 11 capítulos explicam a doutrina da justificação pela graça através da fé. Os últimos cinco capítulos começam no capítulo 12 e contêm a palavra *pois*. Eles nos dizem como viver como aqueles que foram justificados pela misericórdia divina.

Nossa principal obrigação é oferecer nossos corpos como sacrifícios vivos. No Velho Testamento, sacrifícios eram mortos, mas os cristãos do Novo Testamento devem ser sacrifícios *vivos*. Ao considerarmos isso, faz sentido o trabalho que fazemos, o cansaço que sentimos, os fardos que carregamos e os sacrifícios que fazemos pelo Reino de Deus.

Em 1930, Arthur e Ethel Tylee, com sua filha pequena Marian, viviam em um lugar remoto do Brasil, tentando evangelizar o povo Nambiquara. Em um dia de outono, os Nambiquaras atacaram a estação. Arthur e Marian foram mortos. Ethel, apesar de ferida, se arrastou por seis quilômetros em busca de ajuda.

Em sua aflição, Ethel desejou estar entre aqueles que haviam sido mortos. Ela não sabia como poderia seguir em frente. Mas, então, como mais tarde escreveu: "Romanos 12:1 veio à minha mente: 'Rogo-vos... pelas misericórdias de Deus, que apresenteis o vosso corpo por sacrifício vivo, santo e agradável a Deus.'

Eu pensei: 'Vai ser mais difícil ser um sacrifício vivo do que um sacrifício morto, mas eu preciso ser.'"

Munida desse versículo, Ethel Tylee devotou o resto de sua vida a viajar pelos Estados Unidos como um sacrifício vivo, discursando em igrejas, conferências e universidades, apresentado o desafio de alcançar povos isolados com o Evangelho.[71]

O versículo de Ethel se aplica igualmente a mim e a você. Hoje e todos os dias, vamos oferecer nossos corpos como sacrifícios vivos para Ele.

Quando Corrie ten Boom tinha 80 anos, ela pregou com base em Romanos 12:1 em Copenhagen, advertindo a audiência a serem sacrifícios vivos. Depois do culto, duas jovens enfermeiras a convidaram para seu apartamento, para almoçar, e ela as acompanhou — apenas para descobrir que viviam no décimo andar de um prédio sem elevador.

Corrie subiu com dificuldade um degrau por vez, reclamando para si mesma durante todo o percurso. Quando finalmente chegou ao apartamento, ela conheceu os pais de uma das garotas. Ao compartilhar o evangelho com eles, Corrie teve a alegria de guiá-los até Cristo. Ao descer as escadas, ela disse: "Obrigada, Senhor, por ter me feito subir todos esses degraus. E, da próxima vez, Senhor, ajude Corrie ten Boom a ouvir seu próprio sermão."[72]

Se você é cristão, sua vida não lhe pertence. Em vez de morrer, porém, Deus pede que você viva para Ele como um sacrifício vivo. Todo dia você deve oferecer sua vida a Ele para Sua obra.[73]

— Henry T. Blackaby

45. Romanos 12:2

E não vos conformeis com este século, mas transformai-vos pela renovação da vossa mente, para que experimenteis qual seja a boa, agradável e perfeita vontade de Deus.

O dr. Martin Luther King uma vez falou sobre percorrer a cidade de ônibus todos os dias para frequentar o ensino médio. Naqueles dias, pessoas negras eram obrigadas a se sentar no fundo dos ônibus, enquanto pessoas brancas se sentavam na frente. Era o que deviam fazer mesmo que o ônibus estivesse vazio. Se todos os "assentos para negros" estivessem ocupados, o passageiro precisava ficar de pé ao lado do assento vazio reservado para pessoas brancas. "Eu acabava tendo que ir para o fundo daquele ônibus com meu corpo", disse o dr. King, "mas, toda vez que eu entrava nele, eu deixava minha mente no banco da frente. E eu dizia a mim mesmo: 'Um dia, vou colocar meu corpo lá, onde minha mente está.'"[74]

O dr. King estava afirmando algo essencial, uma regra inviolável da vida. Nossos corpos normalmente estão onde nossas mentes estão. Nossos cérebros são um aspecto complexo da criação divina, e nossa mente é a fonte de nossa vida. "Porque, como imagina em sua alma, assim ele é" (Provérbios 23:7). Marco Aurélio escreveu: "As coisas mais importantes da vida são os pensamentos que você escolhe pensar." Ralph Waldo Emerson acrescentou: "O homem é o que ele pensa durante todo o dia."

Cada tentação chega a nós por meio de nossos pensamentos, transformando assim a mente no campo de batalha da alma.

Quando nos entregamos a Cristo, uma mudança começa a ocorrer em nossas mentes e forma de pensar. Nós — nossas personalidades e tudo o mais sobre nós — somos transformados pela renovação de nossa mente. A palavra grega para "transformado" é *metemorpho*, de onde vem nossa palavra *metamorfose*. Nós experienciamos uma metamorfose interna conforme nossa mente é renovada pelo Espírito de Deus e Sua Palavra. Na tradução de Fill Phillips da Bíblia, o versículo aparece da seguinte forma: "Não deixe as palavras do mundo ao redor moldá-lo, mas permita que Deus remodele suas mentes de dentro para fora, para que você experimente na prática que o plano de Deus é bom, atende a todas as demandas e está direcionado à verdadeira maturidade."

Textos bíblicos-chave sobre a mente e o pensamento

- Examina-me, Senhor... sonda-me o coração e os *pensamentos* (Salmos 26:2).
- *Pensai* nas coisas lá do alto, não nas que são aqui da terra (Colossenses 3:2).
- E vos renoveis no espírito do vosso *entendimento* (Efésios 4:23).
- Amarás o Senhor, teu Deus... de todo o teu *entendimento* (Mateus 22:37).

❋ [A transformação] ocorre ao renovarmos nossa mente, e a maneira de renovarmos nossa mente é por estudar a encorajadora e renovadora Palavra de Deus.[75]

— James Montgomery Boice

46. Romanos 12:11

No zelo, não sejais remissos; sede fervorosos de espírito, servindo ao Senhor.

Esse é um dos maiores pequenos versículos da Bíblia, já que ele nos dá três alternativas sobre fazer o trabalho de Deus todos os dias. Precisamos de uma atitude de diligência, fervor e servidão. A palavra *diligência* vem de um termo grego relacionado à velocidade. Ele significa fazer algo "apressadamente, ansiosamente, prontamente, com seriedade e zelo". Eu adoro a maneira como aparece na Nova Versão Internacional (NVI): "Nunca lhes falte o zelo, sejam fervorosos no espírito, sirvam ao Senhor."

Talvez a melhor coisa já escrita sobre o zelo cristão venha da caneta do inimitável bispo J. C. Ryle, de Liverpool. Em 1852, ele publicou um folheto intitulado "Seja zeloso", dizendo que essa característica é algo que nenhum leitor da Bíblia deve ignorar.

O zelo na religião é um desejo ardente de agradar Deus, de fazer Sua vontade e espalhar Sua glória no mundo de todas as maneiras possíveis. É um desejo que o Espírito coloca no coração de cada crente quando após a conversão — mas que alguns sentem tão mais intensamente que os outros, que merecem ser chamados de zelosos. O zelo os compele a fazer qualquer sacrifício, atravessar qualquer dificuldade, negar a si mesmos, sofrer, trabalhar, labutar, a gastar a si mesmo e serem exauridos e até mesmo morrer se isso agradar a Deus e honrar a Cristo.

Eles veem apenas uma coisa, se preocupam com apenas uma coisa, vivem para apenas uma coisa e estão completamente imersos em uma única coisa, e essa coisa é agradar Deus.

Vivendo ou morrendo, na saúde ou na doença, sendo ricos ou pobres; seja agradando outros ou os ofendendo, seja sendo vistos como inteligentes ou tolos, sejam culpados ou elogiados, recebam honra ou humilhação — a pessoa zelosa não se preocupa com nada disso. Ela está inflamada por uma única coisa; e essa coisa é agradar Deus e espalhar a glória divina.

"Eu quero acertar um golpe no cristianismo preguiçoso, fácil e adormecido dos dias de hoje, que não é capaz de ver beleza no zelo, e só a palavra 'zelote' como reprovação. Eu quero relembrar aos cristãos que 'zelote' foi como Cristo chamou o apóstolo Simão, como uma marca de honra e para persuadi-los a serem homens zelosos... De certa maneira, pode se dizer que o zelo é contagioso. Nada é mais útil para aqueles aderindo ao cristianismo do que ver um verdadeiro cristão — um perfeitamente zeloso homem de Deus.

— J. C. Ryle

❋ O zelo é bom para a própria alma do cristão... Ele vai ajudar muito a promover sentimentos de alegria, paz, conforto e felicidade. Ninguém usufrui mais de Cristo do que aqueles que são sempre zelosos por Sua glória.[76]

— J. C. Ryle

47. Romanos 12:12

Regozijai-vos na esperança, sede pacientes na tribulação, na oração, perseverantes.

Em 22 de junho de 1879, o grande pregador vitoriano, Charles Spurgeon, fez um sermão sobre esse texto no qual disse que as duas primeiras frases — *regozijai-vos na esperança* e *sede pacientes na tribulação* — são poderosos antídotos contra venenos, mas que precisam ser tomados com oração. "Alegria e paciência são essências curativas", disse ele, "mas elas precisam ser dissolvidas em um copo cheio de súplica, e, então, serão maravilhosamente eficientes".

Essas são as três prescrições do Grande Médico para momentos difíceis: *Regozijai-vos na esperança, sede pacientes na tribulação, na oração, perseverantes.* Pegue uma frase de cada vez, memorize-a, medite sobre ela, considere suas implicações, então parta para a próxima.

Regozijai-vos na esperança. Quando não podemos nos alegrar pelas circunstâncias do momento, podemos sempre nos alegrar em antecipação pelo que Deus vai fazer com elas, por meio delas, apesar delas ou por causa delas. O Sol continua brilhando tão forte nos dias nublados quanto nos ensolarados no centro do sistema solar; e, quando regozijamos na esperança, estamos dizendo: "Apesar das condições atuais, o Filho está brilhando para mim tão forte quanto antes, e há cura em seus raios."

Sede pacientes na tribulação. Regozijarmo-nos na esperança nos permite sermos pacientes na tribulação. *Paciência* é *esperança*, só com uma roupagem diferente. É a habilidade de aguardar calmamente enquanto o Senhor opera tudo em conformidade com o propósito de sua vontade.

Na oração, perseverantes. "Sempre que sua esperança parecer falhar e sua alegria esmorecer", disse Spurgeon, "o método mais rápido é ficar de joelhos. Ao relembrar a promessa em oração, a esperança será fortalecida e alegria vai brotar dela". Uma Bíblia aberta e uma cabeça curvada cria uma poderosa atmosfera na qual a vontade de Deus é exercida sobre as aflições da vida. Jesus até mesmo recomendou que "importunássemos" Deus com nossos pedidos, como um vizinho persistente na casa de um amigo ou uma viúva perturbando um juiz.

Romanos 12:12 é uma injeção de ânimo para qualquer coisa que nos aflija.

Regozijando-se em...

- *Alegrar-te-ás* por todo o bem que o Senhor, teu Deus, te tem dado a ti (Deuteronômio 26:11).
- *Te alegrarás* perante o Senhor, teu Deus (Deuteronômio 27:7).
- À sombra das tuas asas, eu canto *jubiloso* (Salmos 63:7).
- *Gloriemos* no teu louvor (Salmos 106:47).
- Me *regozijo* com o caminho dos teus testemunhos (Salmos 119:14).
- *Se alegrarão* no Santo de Israel (Isaías 29:19).
- Os *alegrarei* na minha Casa de Oração (Isaías 56:7).
- *Gloriamo-nos* na esperança da glória de Deus (Romanos 5:2).
- *Regozijai-vos* na esperança (Romanos 12:12).
- *Alegrai-vos* sempre no Senhor (Filipenses 4:4).

※ A oração nos imerge em um estado de graça em que a tribulação não apenas é suportada, mas em que há, sob ela, um espírito de regozijo.[77]

— E. M. Bounds

48. Romanos 12:18

Se possível, quanto depender de vós, tende paz com todos os homens.

Em 1757, Benjamin Franklin viajou para a Inglaterra a bordo de um navio que fazia parte de uma esquadra de quase cem outros. Do convés, Franklin notou que a água no rastro da maioria dos navios estava se agitando e revolvendo, mas dois dos navios tinham um rastro calmo, como se deslizassem sobre o mar. Quando perguntou ao capitão sobre isso, ele recebeu a seguinte resposta: "Ah, todo mundo sabe. Os cozinheiros daqueles navios acabaram de jogar a água engordurada da cozinha no mar."

Franklin passou anos ponderando sobre esse fenômeno. Ele até mesmo projetou uma bengala oca que enchia com óleo. Quando estava em um lago ou um rio, e costumava encantar seus amigos com esse pequeno truque. Não importava o quão agitada estivesse a água, quando ele derramava seu óleo sobre a superfície, ela se acalmava. A calmaria se espalhava e cobria uma grande área.

A descoberta de Franklin foi objeto de muitos questionamentos. As pessoas queriam saber por que uma pequena camada de óleo podia criar uma calmaria daquele tipo. A resposta é simples. Ondulações e ondas são causadas pela fricção entre o ar e a água. Quando uma brisa sopra sobre um corpo de água, o ar se agarra à água e a ergue. Quando a superfície da água está coberta com óleo, a fricção é reduzida e o vento não consegue mais envolver a água tão facilmente.

O que o óleo é para a água, a graça e a benevolência são para nossos relacionamentos. As pessoas têm a tendência de causarem fricções umas nas outras. O atrito entre nossas personalidades cria ondulações de desarmonia. Mas, quando derramamos o óleo da graça na água, ele tem a capacidade de acalmar os mares. Se somos benevolentes para com as pessoas — não nos irritamos facilmente, não ficamos irritados por muito tempo, não nos sentimos ofendidos ou deixamos a amargura se espalhar —, se perdoamos facilmente e sempre supomos o melhor sobre os outros, e se aprendermos a sorrir ao longo do nosso dia, vamos ter uma vida muito mais feliz. E as pessoas ao nosso redor também!

Em 12 palavras, Romanos 12:18 sintetiza a essência de bons relacionamentos. O ponto principal é encontrado nas últimas seis: *tende paz com todos os homens.* Mas ele começa com duas ressalvas úteis: (1) Se possível e (2) quanto depender de vós. Isso indica que algumas vezes, apesar de nossos melhores esforços, vamos ter amizades rompidas, relacionamentos conturbados e até mesmo inimigos hostis. Mesmo o autor dessas palavras, o apóstolo Paulo, teve uma briga com Barnabé, um desentendimento com Pedro e um conflito com Alexandre, o latoeiro, entre outros. Mas a lista de suas amizades em Romanos 16 nos mostra que ele com certeza seguia seu próprio conselho: *Se possível, quanto depender de vós, tende paz com todos os homens.*

DICA DE MEMORIZAÇÃO

Para se lembrar da referência, pense em 12:18 como o oposto de 1812. Quando pensamos em 1812, pensamos na guerra; quando pensamos em 1218, pensamos em ter paz.

❋ A ira do insensato num instante se conhece, mas o prudente oculta a afronta... A discrição do homem o torna longânimo, e sua glória é perdoar as injúrias.

— Rei Salomão, Provérbios 12:16; 19:11

49. 2Coríntios 9:7

Cada um contribua segundo tiver proposto no coração, não com tristeza ou por necessidade; porque Deus ama a quem dá com alegria.

Como dinheiro permeia toda a nossa vida, parece certo dedicar ao menos um de nossos versículos memorizados para o tema da oferta. Os maiores capítulos sobre administração da Bíblia são 2Coríntios 8 e 9. Em 2Coríntios 9:7, esses dois capítulos são reduzidos a seus princípios-chave:

1. **Cada um deve doar fielmente.** Podemos interpretar as palavras "cada um" literalmente. Cada cristão. Eu acredito que até mesmo crianças devem pagar o dízimo. A infância é o período em que aprendemos padrões saudáveis de vida; e o que há de mais saudável que a doação? Uma mesada é a primeira oportunidade da vida da pessoa de descobrir as bênçãos de doar. Se cada criança em cada lar cristão aprendesse que a primeira parte de cada moeda que recebe pertence ao Senhor, o trabalho de Deus na terra nunca ficaria sem fundos.
2. **Cada um deve doar cuidadosamente,** segundo tiver proposto no coração. Está tudo bem doar de forma impulsiva, mas a administração cristã envolve padrões planejados, consistentes e cuidadosos de doações. J. L. Kraft, que fundou a Kraft Foods, disse: "O único investimento que eu já fiz que tem pagado dividendos crescentes é o dinheiro que doei ao Senhor."
3. **Cada um deve doar livremente,** não com tristeza ou por necessidade. Não doamos porque somos obrigados a isso,

mas, sim, por ficarmos empolgados com o privilégio e as bênçãos da doação.

4. **Dar com alegria.** Esse versículo nos diz que Deus ama aqueles que dão com alegria. Que frase notável. Eu não consigo pensar em outro momento da Bíblia onde alguma frase parecida ocorra. Nós vemos muitas referências ao amor de Deus, mas não consigo lembrar-me de outra atitude ou atividade na vida que seja recomendada dessa maneira. A Bíblia parece estar dizendo que *Deus fica animado conosco quando ficamos animados sobre doar.* E isso nos leva à maravilhosa promessa no próximo versículo: *Deus pode fazer-vos abundar em toda graça, a fim de que, tendo sempre, em tudo, ampla suficiência, superabundeis em toda boa obra.*

Em seu livro *Tortured for Christ* [Torturado para Cristo, em tradução livre], Richard Wurmbrand nos conta sobre entrar e sair de prisões comunistas por causa de sua fé em Cristo. O princípio do dízimo estava tão internalizado em seu coração que ele e alguns dos seus companheiros de prisão, quando recebiam uma fatia de pão por semana e uma sopa rala por dia, fielmente pagavam o dízimo. Todo décimo dia davam a sopa para irmãos mais fracos e toda décima semana doavam o pão a companheiros de prisão em nome de Jesus.[78]

⁂ Ganhe tudo que puder, economize tudo que puder e então doe tudo que puder. Nunca tente economizar à custa da causa divina. Esse dinheiro vai corromper o resto. Dar a Deus não é perder, é colocar economias no melhor dos bancos.[79]

— Charles H. Spurgeon

50. Hebreus 10:25

Não deixemos de congregar-nos, como é costume de alguns; antes, façamos admoestações e tanto mais quanto vedes que o Dia se aproxima.

Hebreus 10:25 é o melhor versículo da Bíblia sobre comparecer à igreja, nos alertando contra os perigos de perder serviços de adoração. De fato, nossa frequência deveria aumentar à medida que o retorno do Senhor se aproxima. Por quê?

1. **Por causa do ritmo de vida que Deus estabeleceu.** Em Gênesis, Deus descansou no sétimo dia de criação. Não é que ele estivesse cansado. Ele fez uma pausa para apreciar o que havia feito nos seis dias anteriores e para fazer a transição para o próximo período de tempo. Ele também estava estabelecendo um padrão de um dia a cada sete para descanso e adoração, o que mais tarde foi consolidado nos Dez Mandamentos. Quando Jesus levantou dos mortos no primeiro dia da semana, cristãos começaram a observar o domingo como seu Sabbath, e o padrão continuou o mesmo — um dia em sete para descanso e adoração. Isso está intrínseco no ritmo do universo e na cadência e no pulso de nossos corpos e almas.
2. **Por causa do padrão de adoração que as Escrituras prescrevem.** Lucas 4:16 diz sobre Jesus: "Entrou, num sábado, na sinagoga, segundo o seu costume." A maior parte dos estudiosos acredita que as sinagogas foram desenvolvidas durante o cativeiro babilônico para que os judeus pudessem se reunir semanalmente para adoração onde quer que estivessem. Três coisas aconteciam nessas

reuniões: louvor, oração e ensino de princípios. As primeiras igrejas, compostas quase que inteiramente por judeus, se encontravam com o mesmo objetivo — louvor, oração e instruções das Escrituras.

3. **Por causa da família que Cristo Jesus criou.** Efésios 1:5 diz: "Nos predestinou para ele, para a adoção de filhos, por meio de Jesus Cristo, segundo o beneplácito de sua vontade." Não existe essa coisa de santo solitário. O cristianismo é sobre relações. A frase "um ao outro" ocorre cinquenta vezes no Novo Testamento.
4. **Por causa do trabalho de Deus, para o qual fomos chamados.** A igreja local é a única instituição que Jesus estabeleceu neste mundo. Ele não fundou hospitais, clubes, agências de missões, colégios bíblicos ou centros de crise. Muitas dessas organizações surgiram a partir de igrejas locais e são financiadas por elas. Mas as igrejas locais são o marco zero do trabalho de Deus nesta terra. A igreja é o plano de Deus para este mundo.

Precisamos de nossa experiência contracultural semanal para conter a cultura na qual estamos. Precisamos neutralizar a cultura popular em nossa vida. Quando vamos à igreja, estamos participando de uma rede global semanal de pessoas fazendo o mesmo ao mesmo tempo. Estamos participando de uma prática antiga que remete às origens da igreja e ao princípio da própria criação e que abarca todo o povo de Deus, de todas as épocas e eras. Além disso, estamos envolvidos em um hábito que a Bíblia diz que é cada vez mais vital à medida que o fim dos tempos se aproxima.

⁂ Há algo errado com nosso cristianismo quando precisamos implorar para que a maior parte de nossa congregação venha à igreja ouvir sobre ele.[80]

— Vance Havner

51. Provérbios 1:7

O temor do Senhor é o princípio do saber, mas os loucos desprezam a sabedoria e o ensino.

Ao memorizar 100 textos bíblicos-chave, note que quatro deles vêm do livro de Provérbios (Provérbios 3:5-6; 1:7; e 15:1). Poderíamos facilmente ter selecionado todos os 100 versículos desse livro porque ele é o livro da Bíblia mais prático, repleto de bom senso para a vida diária.

Pense no livro de Provérbios como o feed do Twitter de Deus para a humanidade. Nos primórdios do Twitter, você tinha 140 caracteres para sua mensagem ou para resumir o que estava acontecendo em sua vida. Essas pequenas mensagens eram explosões breves de comunicação. Quando você lia um tuíte — uma postagem na rede —, estava vendo um pequeno relance de verdade sobre a vida da pessoa, suas atividades, observações ou filosofia, condensado em 140 caracteres ou menos.

Isso é exatamente o que temos no livro de Provérbios: Deus nos dando conselhos em breves comunicações, geralmente 140 caracteres ou menos por versículo.

Provérbios é o curso de autodesenvolvimento divinamente projetado por Deus, Seu manual para que possamos aprender como nos tornarmos mais sábios ao vivermos. Os 915 versículos em Provérbios representam a sabedoria divina para centenas de situações em que nos vemos no dia a dia.

Pense em Provérbios como sabedoria portátil — regras celestiais para a vida terrestre.

A sabedoria de Deus tem pouco a ver com notas em um boletim, mas tudo a ver com alcançar notas altas na vida. Não é apenas um acúmulo de informações ou poder mental. É sobre colocar nosso conhecimento para trabalhar na vida diária. Folheie os 31 capítulos de Provérbios e você vai encontrá-los repletos de conselhos sobre se esforçar, comer de forma inteligente, tomar cuidado com como bebemos, vigiar o quanto falamos, evitar amizades que não sejam saudáveis e imoralidade sexual, tratar as pessoas com bondade, lidar bem com o dinheiro e tomar boas decisões em questões grandes ou pequenas.

O tema que permeia Provérbios é sintetizado no versículo a ser memorizado neste capítulo, Provérbios 1:7. Ele é a chave que destranca todo o livro, e é por isso que vale a pena memorizá-lo. Há um denominador comum para todos os Provérbios, uma única linha que percorre cada versículo: *O temor do Senhor é o princípio do saber, mas os loucos desprezam a sabedoria e o ensino.*

Cada um dos Provérbios no dizem: (1) como vamos responder à vida se tememos ao Senhor, ou (2) como vamos falhar se não temermos.

O temor do Senhor não é um medo nocivo, disfuncional ou debilitante. Ele significa respeito, reverência, admiração e encanto apropriados. A. W. Tozer escreveu: "O temor de Deus é... uma reverência admirada. Eu acredito que o temor reverencial de Deus, aliado ao amor, fascinação, reverência, admiração e devoção é o estado mais agradável de todos e a emoção mais satisfatória que a alma humana pode conhecer."[81]

O temor do Senhor é o princípio do saber, mas os loucos desprezam a sabedoria e o ensino.

❋ É uma das estranhas reviravoltas da vida que os estudiosos vasculhem bibliotecas em busca de sabedoria, enquanto, talvez, o zelador já a tenha encontrado há muito tempo.[82]

— Vance Havner

52. Provérbios 15:1

A resposta branda desvia o furor, mas a palavra dura suscita a ira.

O livro de Provérbios é cheio de versículos sobre temperamento e nossas línguas. Se você precisa de alguma ajuda com controle da raiva ou daquilo que você fala, leia-o com um lápis vermelho, circule cada versículo que encontrar sobre esses assuntos, então digite-os no computador ou escreva-os em seu caderno. Leia a sua lista, encontre o melhor versículo para o seu contexto, memorize-o. Depois de fazer isso, aprenda o segundo melhor versículo. E assim por diante até o poder da Palavra de Deus derreter seus rígidos hábitos de fala ou temperamento.

Talvez você queira começar com Provérbios 15:1. Esse versículo se aplica particularmente ao *tom* de nossas vozes. Ele fala sobre uma resposta branda ou uma palavra dura. Os adjetivos *branda* e *dura* têm mais a ver com como algo é dito do que ao que dizemos. Muitas vezes falamos as palavras certas com a postura errada, transformando uma situação boa em ruim ou uma ruim em pior. Outros versículos em Provérbios se referem ao *conteúdo* do que dizemos, mas Provérbios 15:1 é dedicado à entonação, à inflexão, ao volume e ao timbre de nossas vozes. Isso também inclui nossa expressão e linguagem corporal.

Quer ser sábio, maduro, menos estressado e menos estressante para os outros? Se torne a pessoa de Provérbios 15:1.

O professor Robert Webber conta uma memória de infância de quando ele vivia perto de um fazendeiro rabugento. Um dia, Robert ultrapassou a linha da propriedade e colheu um balde de amoras das terras do vizinho. O homem irrompeu pela porta da frente, agitando os punhos e gritando ameaças. Robert correu para casa e contou ao pai o que aconteceu e os dois foram até a casa ao lado. Robert achou que seu pai ia falar poucas e boas para o homem. Mas, quando esse surgiu na porta, o sr. Webber disse: "Senhor, peço desculpa por meu filho ter entrado em sua propriedade. Aqui, fique com essas amoras."

O homem foi desarmado. "Ei", ele disse, "desculpe por ter gritado com o garoto... Eu nem gosto de amoras. Pode ficar com elas. E pode colher quantas frutas quiser".

Ao voltar para casa, o sr. Webber olhou para o filho e disse: "As escrituras dizem: 'A resposta branda desvia o furor.' Lembre-se disso, Robert."

Anos mais tarde, Robert Webber escreveu: "Eu nem sempre vivi de acordo com essas Escrituras, ou com o exemplo de meu pai, mas eu nunca esqueci aquelas palavras ou a ação de meu pai, que deu significado a elas."[83]

※ Palavras severas geram raiva tão certamente quanto a toda causa se segue um efeito... No momento em que são ditas, podem parecer inteligentes e espirituosas, revelando um temperamento digno e uma coragem altiva, mas, na realidade, não são nada mais do que provas de pequenez, rancor, desgosto ou outra emoção dessa mesma linha degradada.[84]

— Joseph Parker

PLENITUDE

O papel do Espírito Santo em nossa vida

53. Efésios 5:18

E não vos embriagueis com vinho, no qual há dissolução, mas enchei-vos do Espírito.

Já foi acusado de VSI? Um motorista bêbado pode ser acusado de DSI, que significa "dirigir sob influência". Mas, quando pessoas com o Espírito Santo em suas veias são vistas, elas devem ser testemunho do *viver sob a influência* (VSI). Essa é a forma mais simples que conheço de explicar o contraste e a comparação nesse versículo entre estar bêbado e estar cheio do Espírito.

Em Efésios 5:18, nós temos um contraste claro (não faça *isso*, mas faça *isso*); mas é um contraste baseado em comparação. O apóstolo Paulo poderia ter nos dito para não perdermos a cabeça, mas para nos enchermos do Espírito. Ele poderia ter dito: "Não odeie seu vizinho, mas enchei-vos do Espírito."

Ainda assim o contraste é entre estar embriagado e estar cheio do Espírito.

Essa é a terceira vez que o Novo Testamento menciona esse paralelo. Nós podemos ler em Lucas 1:15 que diz que João Batista "será grande diante do Senhor, não beberá vinho nem bebida forte e será cheio do Espírito Santo, já do ventre materno". E, no dia do Pentecostes, quando o Espírito Santo foi derramado sobre 120 crentes, as pessoas zombaram: "Estão embriagados!" Mas Pedro respondeu: "Estes homens não estão embriagados, como vindes pensando, sendo esta a terceira hora do dia. Mas o que ocorre é o que foi dito por intermédio do profeta Joel: 'E acontecerá nos últimos dias, diz o Senhor, que derramarei do meu Espírito'" (Atos 2:13-17).

Ao *viver sob influência* do Espírito Santo, somos controlados e empoderados por Jesus Cristo e Ele tem acesso total e influência em cada aspecto de nossa vida. Ser cheio do Espírito é estar centrado em Cristo. Significa que Jesus nos controla e está vivendo Sua vida através de nós. Isso tem uma exuberância tamanha que pode até ser comparado a estar sob a influência de álcool. *Não vos embriagueis com vinho, no qual há dissolução, mas enchei-vos do Espírito.*

Em uma noite quente da Carolina do Sul, em setembro de 1981, eu aprendi sobre estar cheio do Espírito. Ajoelhado em um velho sofá no canto do corredor dos dormitórios, eu pedi ao Senhor, da melhor maneira que pude, que Ele assumisse o controle de minha vida e me preenchesse Consigo e com Seu Espírito. Eu não senti nenhum tipo de corrente elétrica, mas, quando fui para a cama naquela noite, mal conseguia dormir. Eu estava tremendamente empolgado com Jesus Cristo, e era difícil esperar até a manhã seguinte para contar a alguém que eu havia me entregado completamente para Ele. Eu nunca superei aquela experiência. E espero que nunca a supere.

Não nos esqueçamos de que o Espírito dentro de nós é a presença de Cristo. Se estamos cheios do Espírito, é o próprio Cristo quem nos preenche.[85]

— René Pache

54. Efésios 5:19

Falando entre vós com salmos, entoando e louvando de coração ao Senhor com hinos e cânticos espirituais.

Efésios 5:18-20 é o tratamento definitivo que Paulo dá sobre como ser cheio do Espírito Santo, então é útil memorizar todo o (curto) parágrafo. Essa é uma das mais importantes passagens na Bíblia sobre a realidade da vida diária do cristão.

No Sermão do Cenáculo de João 13-17, Jesus explicou que precisava retornar aos céus, mas enviaria algo para nos confortar que estaria *conosco* e *em* nós para sempre. Depois de sua ressurreição, Ele ascendeu aos céus como prometido, e dez dias depois o Espírito Santo se derramou na igreja primordial, como descrito em Atos 2.

Agora, quando recebemos Cristo, estamos na verdade recebendo o Espírito Santo que finaliza o trabalho de Jesus em nossa vida. Por meio do Espírito Santo, Jesus vem viver conosco. Conforme vivemos em obediência e fé, somos preenchidos pelo Seu Espírito, vivemos sob Sua influência.

O primeiro e mais natural resultado disso é uma música em nossos corações. Perceba a natureza ininterrupta desta passagem: "Enchei-vos do Espírito, falando entre vós com salmos, entoando e louvando de coração ao Senhor com hinos e cânticos espirituais."

Devemos adorar: (1) uns aos outros, com cantos de louvor, unindo nossas vozes e nos encorajando; e também (2) ao Senhor.

Devemos fazer isso: (1) com nossas vozes ao falar e cantar; e (2) em nossos corações.

Devemos fazer isso com salmos, hinos e cânticos espirituais. Especialistas debatem a diferença entre esses três termos, mas faz sentido pensar neles em termos de época. Salmos são hinos da história bíblica. Hinos são aqueles da história cristã. Cânticos espirituais são expressões de adoração que são mais contemporâneas à nossa geração. Efésios 5:19 destaca o que é muitas vezes chamado de "adoração mista".

O ponto principal aqui, porém, é esse: a primeira evidência de estar cheio do Espírito é ter um coração que canta.

Quatro vezes o Novo Testamento nos diz que, de alguma forma maravilhosa, o Espírito Santo representa a presença do próprio Jesus via Espírito.

- Defrontando Mísia, tentavam ir para Bitínia, mas o Espírito de Jesus não o permitiu (Atos 16:7).
- E, se alguém não tem o *Espírito de Cristo*, esse tal não é dele (Romanos 8:9).
- Porque estou certo de que isto mesmo, pela vossa súplica e pela provisão do Espírito de Jesus Cristo, me redundará em libertação (Filipenses 1:19).
- Investigando, atentamente, qual a ocasião ou quais as circunstâncias oportunas, indicadas pelo Espírito de Cristo, que neles estava, ao dar de antemão testemunho sobre os sofrimentos referentes a Cristo e sobre as glórias que os seguiriam (1Pedro 1:11).

❋ Cantando eu sigo a estrada da vida, louvando ao Senhor, louvando ao Senhor. Cantando eu sigo a estrada da vida, pois Jesus me libertou de meu fardo.

— Eliza E. Hewitt

55. Efésios 5:20

Dando sempre graças por tudo a nosso Deus e Pai, em nome de nosso Senhor Jesus Cristo.

Quando nossas filhas eram mais novas, eu amava ler para elas toda noite na hora de dormir. Um dos livros que líamos era sobre um garotinho chamado Alexander que batalhava para atravessar um dia em que tudo parecia dar errado para ele.

Pouco tempo depois, eu tive um dia que começou da mesma forma. No meio da manhã, eu me sentei para o meu devocional e espontaneamente escrevi algumas linhas no meu diário: "Acordei atrasado, Grace se atrasou para escola (de novo), e as latas de lixo tinham que ser esvaziadas, e o cachorro esfregou o focinho sujo no meu casaco branco, o atendimento do drive-in do McDonald's demorou cinco vezes mais que o normal, e eles me serviram um café velho, e eu só sei que hoje vai ser um dia terrível, terrível, nada bom, um dia muito ruim."

Eu não havia planejado escrever aquelas palavras, elas simplesmente surgiram no papel. Conforme eu as lia, pensei em Alexander e comecei a rir. E então tive um dos melhores dias em muito tempo. Tem tudo a ver com sua atitude.

Outro dia, enquanto voava de Tulsa de volta para Nashville, a previsão do tempo em Oklahoma nos avisou que haveria tempestades pesadas ao longo do caminho, então eu estava preocupado com meu voo. Mas o piloto perfurou as nuvens e nos colocou acima delas. Quando olhei para baixo, para aquelas nuvens magníficas, cheias e brilhantes, pensei comigo mesmo que tempestades são lindas quando vistas de cima.

Todos nós temos dias terríveis, terríveis, nada bons, muito ruins. Todos nós temos dias tempestuosos. Mas, quando estamos cheios do Espírito — quando dispomos cada parte de nossa vida sob o controle de Jesus Cristo —, Ele afeta nossa percepção. Voamos mais alto. Encontramo-nos dando sempre graças por tudo a nosso Deus e Pai, em nome de nosso Senhor Jesus Cristo.

Afinal de contas, se todas as coisas cooperam para o nosso bem, como Romanos 8:28 promete, por que não agradecer por todas elas?

Ensinando a outros sobre ser cheio do Espírito Santo de acordo com Efésios 5:18-21

1. *Um comando.* Enchei-vos do Espírito.
2. *Um contraste.* Não vos embriagueis com vinho, mas enchei-vos do Espírito.
3. *Uma comparação.* Estar sob a influência do Espírito compartilha algumas características com estar sob a influência de álcool (veja Atos 2:1-15).
4. *Uma mudança.* Como sabemos se estamos cheios do Espírito? Algumas mudanças vão acontecer em nossa vida: corações que cantam (v. 19), gratidão em nossa mente (v. 20) e uma atitude de entrega (v. 21).

Uma mente grata é uma grande mente; uma pessoa que pensa é uma pessoa agradecida.

— Anônimo

56. Efésios 5:21

Sujeitando-vos uns aos outros no temor de Cristo.

Sinto falta de quando os postos de gasolina faziam o abastecimento nos Estados Unidos. Quando eu estava aprendendo a dirigir, o litro da gasolina devia custar 18 centavos. Quando parávamos no posto, passávamos por sobre um cabo que tocava um sino, convocando um atendente. Dizíamos: "Pode encher" ou, "Quero um dólar de gasolina". Enquanto o tanque estava enchendo, alguém ia verificar o óleo, limpar o para-brisa e checar os pneus.

Pode dar graças ao progresso.

Pelo menos agora alguns carros falam conosco e nos dizem que estão com pouco combustível, quantos quilômetros ainda podemos percorrer e onde é o posto de gasolina mais perto. Mas meu carro não é chique. Preciso sempre ficar de olho no medidor.

Se houvesse um medidor em sua testa que indicasse se você está cheio do Espírito Santo ou vazio, o que ele diria? Quanto estaria marcando?

Efésios 5:19-21 nos dá três medidores: cantar, dar graças e entrega. Cada atitude se aprofunda um pouco mais em nossas personalidades. É relativamente fácil cantar, mais difícil sermos gratos em dias difíceis e ainda mais complicado nos manter humildes em nossos relacionamentos.

Além disso, essas atitudes se transferem imediatamente para nossos casamentos, o que é o assunto do próximo parágrafo (v. 22-33). Continuando no capítulo 6, essa atitude de sujeição é aplicada ao relacionamento entre pais e filhos (6:1-4) e até mesmo para nosso local de trabalho (6:5-9).

Se estamos cheios do Espírito Santos, isso transparece nesses três medidores: cantar, dar graças e entrega. Esse obviamente não é um acontecimento único, nem acontece subitamente. É um processo, um hábito que procura tornar uma vida repleta do Espírito e centrada em Cristo.

Não diga ao Senhor: "Me vê um dólar de gasolina." Diga todo dia: "Pode encher!"

A verdadeira humildade, a essência da piedade, não significa desenvolver uma autoimagem nociva, mas uma imagem saudável — não de nós — mas do Senhor Jesus. É pensar realisticamente sobre nós mesmos e otimistamente sobre Ele. Não é pensar pouco de nós mesmos; é pensar cada vez menos em nós e cada vez mais n'Ele.

Humildade não anda por aí rastejando na areia e dizendo: "Eu sou um idiota. Não sou bom. Sou desprezível. Sou indigno." Afinal, somos o ápice e a coroa de Seu gênio criativo, feitos à Sua imagem. Valemos mais do que muitas aves. Valemos tanto que Cristo morreu por nós. Somos herdeiros de Deus e co-herdeiros com Cristo. Humildade não significa dizer: "Sou indigno!" Significa dizer: "Ele é digno!"

Se o orgulho é o solo da pecaminosidade, humildade é o coração da santidade. É atitude básica diária de: "Jesus primeiro, outros em segundo e eu fico com as sobras. Fui enviado para servir."

⁂ O homem humilde não sente ciúme ou inveja. Ele consegue louvar a Deus quando outros são preferidos ou abençoados antes dele. Ele suporta ouvir outros serem elogiados e ser esquecido.[86]

— Andrew Murray

57. Gálatas 5:22

Mas o fruto do Espírito é: amor, alegria, paz, longanimidade, benignidade, bondade, fidelidade.

Se um fazendeiro prendesse maçãs artificiais nas árvores de seu pomar, talvez parecesse bom a distância; mas ninguém seria enganado por muito tempo. Frutos genuínos são produzidos internamente. Não precisamos de atitudes artificiais ou traços de personalidade sintéticos. Precisamos do verdadeiro amor, alegria, paz, paciência, bondade, fidelidade, gentileza e autocontrole de Jesus Cristo.

Gálatas 5:16-26 é sobre andar com Jesus Cristo por intermédio do Espírito Santo. Os versículos 16, 18 e 25 nos dizem para andar no Espírito, sermos guiados pelo Espírito, vivermos no Espírito. Podemos andar com Jesus tão simplesmente quanto os dois discípulos fizeram em Lucas 24. Mas agora é por intermédio de seu sempre presente Santo Espírito. Ao fazermos isso, esses serão os resultados:

1. **Nós minimizamos nossas falhas (v. 16-21).** Quando vivemos pelo Espírito, não vamos satisfazer os desejos de natureza pecaminosa e vamos ser cada vez mais capazes de superar as tentações da carne listadas nessa passagem.
2. **Nós maximizamos nossos frutos (v. 22-23).** Quando vivermos pelo Espírito, começaremos a desenvolver nove atitudes que formam a personalidade cristã e são listadas nos versículos 22-23 como os "frutos do Espírito". Esses traços descrevem perfeitamente a personalidade de Jesus de Nazaré. É uma descrição de seu caráter. Se você fosse fazer

uma lista de nove palavras para descrever Jesus, os frutos do Espírito seriam a lista. A única maneira de desenvolver mais amor, alegria, paz e todo o resto é habitar n'Ele.

Quando Deus criou o mundo, Ele fez os mesmos padrões e princípios tanto no mundo físico quanto no reino espiritual. É por isso que podemos ilustrar verdades espirituais usando realidades físicas como árvores e vinhedos.

- O salmo 1 diz que quando meditamos nas Escrituras nos tornamos como árvore plantada junto à corrente de águas.
- O escritor do salmo 52 comparou a si mesmo a uma oliveira verdejante na Casa de Deus.
- O salmo 92 nos compara a árvores que ainda dão fruto na velhice e que se mantêm cheias de seiva e de verdor.
- Jeremias 17 diz que, quando confiamos no Senhor, somos como a árvore plantada junto às águas, cujas folhas continuam verdes mesmo no ano de seca.
- O homem cego que Jesus curou a princípio viu as pessoas como árvores que andavam.
- Jesus usou uma analogia ligeiramente diferente quando disse em João 15 que nós somos os ramos conectados à videira que é Ele mesmo.
- Gálatas 5:22-23 nos compara a videiras que devem dar seu fruto se a seiva do Espírito Santo estiver fluindo livremente por meio de nossos galhos.

Sempre que dizemos "Eu acredito no Espírito Santo", estamos dizendo que acreditamos em um Deus vivente capaz e interessado em entrar na personalidade humana e transformá-la.[87]

— J. B. Philips

58. Gálatas 5:23

Mansidão, domínio próprio. Contra estas coisas não há lei.

Se estivermos enraizados e bem alicerçados em Cristo, a seiva do Espírito Santo pegará os nutrientes da Palavra e os disseminará pelos nossos sistemas, produzindo uma vida frutificada. A palavra *fruto* significa "comportamento". A evidência de se andar lado a lado com Cristo é desenvolver um conjunto específico de comportamentos.

1. **Amor.** Este é o primeiro da lista porque é o comportamento superlativo, a fonte de todo o resto.
2. **Alegria.** Amor é algo que transmitimos aos outros, mas alegria é algo que ilumina nossas próprias vidas. Alegria encoraja nosso coração. Quando isso acontece, é claro, outras pessoas também se beneficiam, incluindo os membros de nossa família e colegas de trabalho. A palavra *alegria* é encontrada mais de duzentas vezes na Bíblia, e a palavra correspondente *regozijar* é encontrada outras duzentas vezes.
3. **Paz.** Esta é a qualidade de calma e força interior que nos mantém firmes durante tempos difíceis. Paz é agir como se Deus já tivesse provido as soluções para todos os nossos problemas, o que é verdade para todos os filhos de Deus.
4. **Longanimidade.** Existem dois tipos de longanimidade. A primeira é relacionada às circunstâncias e nós a chamamos de perseverança. A segunda é relacionada a pessoas e nós a chamamos de equilíbrio. Essas são qualidades

espirituais que se desenvolvem em nós conforme andamos com Cristo.

5. **Bondade.** Este é o lado prático do primeiro comportamento. É quando nosso amor se expressa de inúmeras formas, pequenas e grandes (mas geralmente pequenas).
6. **Benignidade.** A palavra *benignidade* é usada aqui em um sentido moral. Significa ser moralmente sólido. É o lado prático da santidade.
7. **Fidelidade.** Nosso caráter é digno de confiança porque confiamos n'Aquele que é digno.
8. **Mansidão.** A Bíblia com frequência ordena que tenhamos um espírito forte, mas sejamos calorosos e amigáveis em nosso trato com outros.
9. **Domínio próprio.** Este vem no fim da lista porque é como o nó no fim do cordão que impede as pérolas de escorregarem do colar e se espalharem pelo chão.

Essas nove qualidades são listadas como um "fruto" porque são comparadas às uvas em um cacho. Conforme habitamos a videira de Jesus Cristo, o Espírito Santo progressivamente amadurece esse cacho de comportamentos em nossas personalidades. É isso que distingue os crentes de todas as outras pessoas na terra.

Um dos pontos mais desafiadores ao se memorizar Gálatas 5:22-23 é acertar a ordem correta do "fruto". Talvez decorar a sigla o ajude. AAPLBBFMD.

⁂ Eu sou a videira, vós, os ramos. Quem permanece em mim, e eu, nele, esse dá muito fruto; porque sem mim nada podeis fazer.

— Jesus, em João 15:5

ALEGRIA

O tipo de felicidade divina

59. Salmos 118:24

Este é o dia que o Senhor fez; regozijemo-nos e alegremo-nos nele.

Deus está no negócio de produzir dias. O Ancião dos Dias é o artesão dos Dias. Ele tem uma esteira em constante movimento do Sol até a Terra e dos Céus para este mundo. Um dia rola para fora da linha de montagem de Deus a cada 24 horas, bem na hora, cada um deles único. Levantamo-nos da cama todos os dias sabendo que uma interminável sucessão de alvoradas e crepúsculos surgem da mesa de Sua vontade, cada um deles individualmente criado, embalado com graça e envolto em amor.

Esse versículo nos lembra de que as compaixões de Deus nunca falham. Elas se renovam a cada manhã, pois grande é Sua fidelidade. Bondade e misericórdia nos seguem todos os dias de nossa vida; e, conforme nossos dias exigirem, sempre teremos força.

Em seu contexto, esse versículo é messiânico. O autor compôs esse salmo para ser cantado pelas multidões que se aproximavam do templo durante os grandes festivais de adoração de

Jerusalém. E esse foi o cântico entoado pelas crianças quando Jesus entrou em Jerusalém no Domingo de Ramos. Ele é a pedra que os construtores rejeitaram, que veio a ser a pedra angular (v. 22-24).

Em seu livro *Shadows on the Wall* [Sombras na parede, em tradução livre], o escritor de devocionais F. W. Boreham contou sobre pregar em uma igreja em particular nos seus tempos de faculdade. Ele ficou hospedado com a velha Bessie, a idosa viúva do pastor anterior, e recebeu para dormir o quarto que ela normalmente ocupava. Quando se levantou na manhã seguinte e abriu as cortinas, viu ali, gravado no vidro da janela, as palavras "ESTE É O DIA". Durante o café da manhã, perguntou sobre o assunto.

"Eu tive muitas dificuldades no meu tempo", explicou ela, "e eu costumo me preocupar muito. Estava sempre com medo do que iria acontecer no dia seguinte. E, a cada manhã quando eu acordava, eu sentia como se tivesse o peso do mundo sobre mim. Então, um dia, quando eu estava muito chateada sobre como as coisas iam, eu me sentei e li minha Bíblia. Acontece que eu estava lendo o salmo 118. Quando cheguei ao versículo 24, eu parei. *Este é o dia que o Senhor fez; regozijemo-nos e alegremo-nos n'Ele...* Ele brilhou sobre mim como um raio de sol em um dia sombrio".

Pegando um cortador de vidro na cozinha, Bessie correu escada acima e gravou as palavras no vidro da janela. "Pronto!", pensou. "Agora, eu vou ver esse trecho da Bíblia toda manhã quando abrir as cortinas e direi a mim mesma 'Este é o dia!"[88]

DICA DE MEMORIZAÇÃO

A referência desse versículo é fácil de lembrar. Cada dia é composto de 24 horas que o Senhor fez: Salmos 18:24.

Este é o dia que o Senhor fez;
le chama as horas de Suas;
ue o céu se regozije, que a terra se alegre,
louvores cerquem o trono.

— Isaac Watts

60. Filipenses 4:4

Alegrai-vos sempre no Senhor; outra vez digo: alegrai-vos.

De acordo com pesquisas, a ansiedade é epidêmica nos Estados Unidos; mais norte-americanos sofrem de ansiedade (em proporção com a população) que em qualquer outro país da Terra. A ansiedade afeta 40 milhões de cidadãos e três dos dez medicamentos mais vendidos são para doenças mentais.

A Bíblia é uma caixa de remédios cheia de versículos antidepressivos e passagens tranquilizadoras. As Escrituras são cheias de teologia terapêutica, e esse parágrafo em Filipenses 4 é minha passagem antiansiedade favorita. Vale a pena memorizar cada palavra. Filipenses 4:4-9 é a estratégia de seis passos pessoal de Paulo para alcançar paz mental.

O primeiro passo está no versículo 4: "Alegrai-vos sempre no Senhor; outra vez digo: alegrai-vos." Talvez você esteja pensando: *Você não pode só dizer para alguém ser feliz. Não é possível ordenar alegria.* Por que não? Por que não podemos escolher nossa própria atitude? Quando sorrio, o mero ato de sorrir anima nossos espíritos e torna mais fácil que saiamos de um estado desencorajado.

Mas note que essa é uma afirmação qualificada. Ela nos diz para nos alegrarmos *no Senhor*.

Talvez não sejamos capazes de nos alegrarmos com nosso próprio fardo, mas podemos nos alegrar em nosso Senhor. Talvez não encontremos nenhuma alegria em nossa situação, mas podemos nos regozijar em nosso Salvador. Alegrar-nos no Senhor significa nos alegrar em nossa invulnerável, imutável relação com o Senhor soberano e suas qualidades, suas bênçãos, suas promessas e seus atributos.

Deuteronômio 26:11 diz que devemos nos alegrar por todo o bem que o Senhor tem nos dado. Somos aconselhados a nos alegrar em Sua bondade em 2Crônicas 6:41. Salmos 9:14 nos diz para regozijarmos em Sua salvação. Já o 31:7 diz que devemos nos regozijar em Sua benignidade. Salmos 89:16 diz que podemos nos alegrar em Seu nome continuamente. Salmos 119:14 diz para regozijarmos com o caminho dos testemunhos d'Ele mais do que com todas as riquezas. Ainda nesse livro, o trecho do capítulo 119, versículo 162, nos diz para nos alegrarmos nas promessas de Deus. Isaías 65:18 nos ordena a regozijarmos no que Deus criou. Somos orientados a ficar radiantes de alegria por causa dos bens do Senhor em Jeremias 31:12. E Romanos 5:2 nos diz para gloriarmo-nos na esperança da glória de Deus.

O primeiro passo para superar o aperto sufocante da preocupação é estarmos determinados a fazer o que Deus diz aqui: Alegrarmo-nos no Senhor sempre.

A Bíblia nem sempre dá "seis passos simples", mas aqui em Filipenses 4 temos uma lista pronta para experimentar a paz interior.

- Alegrai-vos sempre no Senhor (v. 4).
- Ser moderados com os outros (v. 5a).
- Lembrar a si mesmo da proximidade de Deus (v. 5b).
- Lançar sobre ele nossas preocupações (v. 6a).
- Orar com ações de graças (v. 6b).
- Ocupar nossos pensamentos com tudo que é verdadeiro e digno de louvor (v. 8-9).

Duas promessas estão conectadas com esses princípios: a paz de Deus guardará o nosso coração e a nossa mente (v. 7) e o Deus da paz estará conosco (v. 9).

A alegria que Cristo dá é para o tempo e para a eternidade, para a alma e para o corpo, para a adversidade e a prosperidade.[89]

— William A. Swets

61. Filipenses 4:5

Seja a vossa moderação conhecida de todos os homens. Perto está o Senhor.

Aqui estão os dois próximos passos para uma mente pacífica: ser moderado com os outros e lembrar a si mesmo da proximidade de Deus.

Paulo estava escrevendo para a congregação da cidade de Filipos, uma das mais estimadas do Novo Testamento. Eles eram generosos com Paulo, enviando ajuda financeira mais de uma vez. Mas havia conflitos internos na congregação, e, no início do capítulo 4, Paulo os menciona: "Rogo a Evódia e rogo a Síntique que pensem concordemente no Senhor."

Já reparou que as relações interpessoais são uma das maiores fontes de estresse? A maioria das coisas que nos preocupam envolve outras pessoas de um jeito ou de outro. Talvez não estejamos nos dando muito bem com colegas de trabalho ou irmãos na igreja, ou talvez haja tensão em nossa casa.

Se não somos capazes de apagar todas as chamas, ao menos podemos baixar a temperatura sendo gentis e agradáveis. Isso não significa ser fraco ou frágil. Significa que somos moderados em nossas reações e afáveis em nossos comportamentos. Seja a sua graciosidade conhecida por todos.

O terceiro passo para superar a preocupação é nos lembrar da proximidade de nosso Deus: "Perto está o Senhor." Há duas maneiras de interpretar isso, em termos de tempo ou de espaço. Paulo talvez quisesse dizer que o retorno do Senhor estivesse próximo, fazendo assim uma referência à segunda vinda. Ou talvez quisesse dizer que a presença do Senhor está perto de nós todo o tempo. Ambas são verdades, mas me parece que a segunda é preferível.

Não precisamos nos preocupar porque nosso Senhor está conosco, perto de nós, ao nosso redor. Reconhecer sua presença dia e noite é um dos maiores confortos para o povo de Deus. É nosso segredo supremo, nosso consolo mais profundo, nossa arma mais forte. O Senhor está perto, o Senhor está aqui, nosso refúgio e nossa fortaleza, uma ajuda sempre presente em tempos de necessidade.

Sir William Dobbie era um herói britânico e cristão devoto que, durante a Segunda Guerra Mundial, recebeu o comando da ilha de Malta. Dobbie disse aos despreparados moradores da ilha que Deus era uma ajuda muito presente em tempos turbulentos. Contra todas as probabilidades, Malta não pereceu. Navios de guerra aliados atracados em seu porto nunca foram atingidos, apesar de serem como patos para os inimigos. Uma bomba caiu no telhado da igreja local, mas não explodiu. Quase trezentos aviões inimigos foram destruídos e outros seiscentos foram danificados. As forças aliadas em Malta ameaçaram as rotas de suprimento inimigas e impediram aviões do Eixo de alcançarem a Europa. Os homens de Dobbie diziam que ele detinha uma calma interior impossível de ser compreendida. Depois da guerra, Dobbie escreveu um livro sobre o "Milagre de Malta". Seu relato se chama *A Very Present Help* [Socorro bem presente, em tradução livre].

❋ Eu descobri que Deus era para mim um Amparador e um Ajudador para o qual eu sempre podia me voltar; que Ele era, de fato, uma ajuda muito presente em tempos de angústia. Esse fato fez toda a diferença pra mim.[90]

— ten.-gen. Sir William Dobbie

62. Filipenses 4:6

> *Não andeis ansiosos de coisa alguma; em tudo, porém, sejam conhecidas, diante de Deus, as vossas petições, pela oração e pela súplica, com ações de graças.*

Em sua biografia de Sidlow Baxter, E. A. Johnston conta uma história sobre esse versículo. Quando Baxter tinha 88 anos, ele pregou em Memphis, dizendo: "Eu estava na Escócia, e, em determinado momento, caí num profundo desânimo. Tudo me chateava e me frustrava, tudo me dava um pressentimento ruim... Era como se as promessas da Bíblia fossem muito frágeis. Havia qualquer utilidade em orar ainda mais? Eu estava tendo problemas com a surdez. E, além disso, estava com um zumbido nos ouvidos. Escutava barulhos altos dia e noite... Eu fui para a cama cansado por aquela batalha mental e pela frustração. Então, em algum momento entre a noite e a manhã, 6 e 7 de setembro, aconteceu uma coisa que mudou tudo. Eu não ouvi nenhuma voz, mas alguém me acordou no meio da noite e estava falando comigo... Ele disse: 'Sid! Sid! Está se esquecendo de Filipenses 4, versículos 6 e 7?' Aqueles versículos se encaixavam perfeitamente em 6 e 7 de setembro. 'Você tem se esquecido das ações de graças. Entregue tudo a Mim, Sid. E comece a orar novamente com ações de graças. E comece a acreditar que aquilo que você pede se torna seu. EXPERIMENTE, Sid. E, se você fizer isso, Filipenses 4:6 e 7 é todo seu.'"

Baxter continuou: "Filipenses 4:6 e 7 foi como uma lâmpada sendo acesa. Eu vi tudo sob uma nova perspectiva e com clareza. Todo o meu sistema nervoso relaxou. E, conforme eu orava com ações de graças — eu nunca poderia me esquecer disso —, a paz de Deus invadiu meu coração como uma brisa gentil."[91]

Ruth Bell Graham uma vez contou sobre estar acordada às três da manhã em outro país, preocupada com alguém que ela amava e que estava tentando com afinco se afastar de Deus. Mais tarde, Ruth lembrou: "De repente, o Senhor disse para mim: 'Pare de estudar os problemas e comece a estudar as promessas.' Deus nunca havia falado comigo de forma audível antes, mas não há como se enganar quando Ele o faz. Então eu acendi a luz, peguei minha Bíblia e o primeiro versículo que chegou até mim foi Filipenses 4:6."

As palavras que a atingiram foram: *com ações de graças.*

"Eu me dei conta então de que o ingrediente que faltava nas minhas orações vinha sendo 'com ações de graças'. Então eu guardei a Bíblia e passei algum tempo adorando a Deus por quem Ele é e pelo que Ele é... Eu comecei a agradecê-lo por ter me dado essa pessoa que eu amava tanto, para começar. Até mesmo agradeci pelos momentos difíceis que haviam me ensinado tanto. E sabe o que aconteceu? Foi como se de repente alguém tivesse acendido as luzes em minha mente e no meu coração, e os pequenos medos e preocupações, que como ratos e baratas andavam me mordendo no escuro, rapidamente correram para se esconder."[92]

Essas palavras, "em tudo" são abençoadas... A Bíblia claramente nos ordena que "em tudo" devemos fazer nossas petições e súplicas conhecidas a Deus.[93]

— John R. Rice

63. Filipenses 4:7

E a paz de Deus, que excede todo o entendimento, guardará o vosso coração e a vossa mente em Cristo Jesus.

Se você se alegrar no Senhor, tiver parcimônia, permanecer próximo de Deus, lançar suas preocupações sobre Ele e orar com ações de graças, a paz de Deus "guardará o vosso coração e a vossa mente em Cristo Jesus".

- **E:** A primeira palavra aqui é a conjunção "e", que conecta essa promessa às condições mencionadas anteriormente.
- **A paz de Deus:** Não é apenas a paz que Deus dá; é a paz da qual Ele usufrui, Suas próprias dimensões internas de paz. É a paz do próprio Cristo, que disse em João 14:27: "A minha paz vos dou."
- **Que excede todo o entendimento:** Está além de nossa habilidade entender ou explicar isso a outros. Quando fazemos como Deus nos ordena aqui, recebemos a promessa de uma compostura interior totalmente inexplicável.
- **Guardará:** Paulo usou um termo grego militar aqui, que significa posicionar sentinelas para proteger, defender e preservar uma área.
- **Vosso coração e a vossa mente:** Nossas emoções e pensamentos.
- **Em Cristo Jesus:** É parte do direito de nascença daqueles que têm uma relação duradoura com Ele.

Em seu livro *Depressão espiritual: suas causas e cura*, Martyn Lloyd-Jones conta sobre um trabalhador do Exército de Salvação e sua esposa, sr. e sra. John George Carpenter, que tinham uma filha radiante que se dedicava ao trabalho missionário na Ásia. Quando ela contraiu febre tifoide, os Carpenters oraram sinceramente, mas por algum motivo sentiam que não deveriam orar pela recuperação. Suas orações eram para que Deus a curasse se fosse de Sua vontade. Eles oraram assim por seis semanas e então a garota faleceu. Na manhã da partida da filha, John disse à esposa: "Sabe, estou sentindo uma estranha e curiosa paz interior." A sra. Carpenter respondeu: "Sinto o mesmo. Essa deve ser a paz de Deus."

"E era a paz de Deus", disse Lloyd-Jones. "Era a paz de Deus mantendo coração e mente calmos de forma que eles não poderiam perturbar a pessoa... O casal não conseguia entender, e aquela era a única explicação — 'Essa deve ser a paz de Deus'. Era. Graças a Deus por isso. Você e eu não somos capazes de explicar essas coisas, elas são mais poderosas do que nós; mas Ele é Todo-Poderoso. Com oração e súplica e ações de graças, façam suas petições serem conhecidas a Deus e Ele, através da paz de Cristo, vai manter seu coração e sua mente calmos e tranquilos."[94]

DICA DE MEMORIZAÇÃO

Considere adicionar os versículos 8 e 9 ao seu trabalho de memorização. Eles completam o pensamento. Enquanto o versículo 7 fala sobre a paz de Deus, o versículo 9 promete algo ainda melhor — o Deus da paz.

⁂ Deus, o Pai, é chamado de Deus da paz (Hebreus 13:20). Deus, o Filho, de Príncipe da Paz (Isaías 9:6). Deus, o Espírito Santo, de Espírito no vínculo da paz (Efésios 4:3).[95]

— Thomas Watson

64. Tiago 1:2

Meus irmãos, tendes por motivo de toda alegria o passardes por várias provações.

Uma tradução antiga diz "Considere de toda a alegria". A palavra "considere" em grego significa considerar as coisas, mentalmente, olhar para algo de maneira diferente. O termo em grego significa "tomar uma decisão sobre algo depois de analisar todos os fatos e as circunstâncias".

Quando crentes passam por uma série de reviravoltas e dificuldades, nossas primeiras emoções e reações talvez sejam dolorosas. Mas temos recursos divinos, ajuda e verdade divinas para nos ajudar conforme pensamos no assunto e o organizamos em nossas mentes. Ao fazer isso, vamos chegar a uma conclusão diferente da que um não cristão chegaria.

Eu me lembro de ouvir minha esposa falar sobre sua mãe, Hilja, uma mulher finlandesa-americana maravilhosa que amava o Senhor. Certa vez, ela recebeu notícias terríveis. Foi como um golpe no estômago. Mas, como Katrina se lembra, sua mãe tirou o avental, saiu de casa e caminhou pelo que pareceram horas pelos campos e estradas perto de casa no interior do Maine, pensando sobre as coisas, orando sobre elas e as entregando ao Senhor. Quando voltou, ela estava recomposta e mais capaz de lidar com a situação.

Se pudermos pensar nas coisas pela perspectiva do Senhor, nossos sentimentos respondem. Sabemos que Deus tem a intenção de usar essas coisas para o nosso bem e Sua glória e podemos considerar isso uma alegria: "Meus irmãos, tende por motivo de toda alegria o passardes por várias provações, sabendo que a provação da vossa fé, uma vez confirmada, produz perseverança" (Tiago 1:2-3).

Joy Ridderhof, fundadora da Gospel Recordings, buscava Tiago 1:2 com frequência. Em um dos seus devocionais autobiográficos, ela contou sobre viajar pelo Pacífico Sul. "Quando cheguei à Nova Zelândia, descobri que minha única mala havia se extraviado. Eu me lembrei de 'considerar tudo com alegria' e o que você acha que aconteceu? Meus anfitriões, que eram donos de uma loja de departamento, me deram roupas para toda a minha viagem pela fria Nova Zelândia! Além disso, meu anfitrião perguntou sobre minha passagem, que me levaria até a Austrália, e a trocou por uma passagem de volta ao mundo — um presente! Quando cheguei à Austrália e precisei passar pela imigração por minhas paradas em vários países, descobri que para solicitar entrada eu precisava do exato tipo de passagem que ele havia me dado... Quando eu cheguei ao aeroporto de Sydney, lá estava, esperando por mim: minha mala extraviada...! Enquanto esperamos por Suas respostas, vamos 'considerar tudo com alegria'!"[96]

❋ [Considerar tudo com alegria] é um daqueles paradoxos das Escrituras que, no entanto, quanto mais o consideramos, mais descobrimos que é certamente verdadeiro.[97]

— William Gresley

65. Tiago 1:3

Sabendo que a provação da vossa fé, uma vez confirmada, produz perseverança.

"Considerar tudo com alegria" significa olhar para nossos problemas não como incidentes isolados, mas como a cadeia de reações de Deus. O Senhor trabalha de maneiras misteriosas e Tiago retira todo o mistério para que possamos ver como Ele opera: *Meus irmãos, tende por motivo de toda alegria o passardes por várias provações, sabendo que a provação da vossa fé, uma vez confirmada, produz perseverança. Ora, a perseverança deve ter ação completa, para que sejais perfeitos e íntegros, em nada deficientes.*

Note a sequência: Várias provações surgem para testar nossa fé. A provação de nossa fé produz perseverança, o que resulta em integridade. Vemos o mesmo processo delineado por Paulo em Romanos 5: *Também nos gloriamos nas próprias tribulações, sabendo que a tribulação produz perseverança; e a perseverança, experiência; e a experiência, esperança.*

Perceba as palavras-chave. O termo "provação" pode nos lembrar de provas e treinamento. Se a fé nunca é treinada, ela nunca se fortalece. Ao encontrarmos provações, nossa fé é exercitada, colocada à prova. Conforme nossa fé desenvolve músculos, nos tornamos pessoas com mais resistência e força interior. Isso nos dá maturidade e caráter aprovado.

Perseverança é a habilidade de passar por um período de estresse e tensão com a força interior de Cristo, emergindo dele mais forte do que quando entramos. É olhar bem na cara das circunstâncias desencorajadoras sem se desesperar. É assumir que Deus vai fazer com que todas as coisas cooperem para o nosso bem. É agir como se isso já tivesse acontecido, mesmo que ainda não tenhamos visto. Essa parece ser a qualidade que o Senhor valoriza acima de quase todas as outras. É uma de suas fórmulas secretas para desenvolver a química de nossas personalidades cristãs:

Provações > Perseverança > Maturidade/Caráter aprovado

Do sermão de Charles Spurgeon sobre esse versículo.

"Veja o marinheiro castigado pelo tempo, o homem que está em casa no mar. Ele tem o rosto bronzeado e a pele da cor de mogno. Ele parece tão forte quanto um carvalho e tão resistente como se fosse feito de ferro. Tão diferente de nós homens da terra. Ele é capaz de sair para o mar em qualquer tipo de clima; tem pernas de marinheiro e não se desequilibra. Como alcançou essa força? Por negociar nas grandes águas. Ele não poderia ter se tornado um marinheiro resistente perambulando pela costa. Veja, provações criam nos santos aquela resistência espiritual que não pode ser alcançada em períodos de calmaria. Você pode ir para a escola para sempre, mas não pode aprender perseverança lá: você pode pintar suas bochechas com tinta, mas não pode dar a elas a cor arraigada adquirida com os mares tempestuosos e ventos uivantes."[98]

❋ Cedo ou tarde, a verdade será que Deus está agora exercitando Seu filho — Seu filho consagrado — nos caminhos da santidade adulta... para que seus poderes de resistência cresçam, e que seu caráter como homem de Deus se torne ainda mais forte.[99]

— J. I. Packer

66. Tiago 1:4

Ora, a perseverança deve ter ação completa, para que sejais perfeitos e íntegros, em nada deficientes.

Esse versículo é um elo na corrente que conecta nossas preocupações (v. 3) com a sabedoria divina (v. 5). Quando enfrentamos provações de vários tipos, não devemos enxergá-las como má sorte ou infortúnios aleatórios. Elas talvez sejam as consequências de decisões questionáveis ou fracassos evitáveis. Podem parecer trágicos acidentes ou terem sido enviadas por Satanás. Mas há um Salvador que assumiu todas as nossas dificuldades enquanto tinha os braços abertos na cruz do Calvário. Ele não apenas redime nossas almas do pecado, mas também nossas circunstâncias do desespero. Ele promete moldar tudo conforme a Sua vontade e fazer com que todas as coisas cooperem para o bem em nossa vida.

Tiago 1:2-5 nos mostra como lidar com problemas da perspectiva do Calvário. A morte e a ressurreição de Jesus nos permitem "considerar tudo uma alegria" por entendermos o processo pelo qual Deus produz pessoas à semelhança de Cristo. Nossas provações exercitam nossa fé e fortalecem nossos músculos espirituais. A resistência resultante nos dá maior perseverança, nos levando à experiência.

Isso não significa que seja fácil. Qualquer um pode dizer: "Considere tudo uma alegria!" Mas o velho pastor britânico Joseph Parker orou honestamente ao dizer: "Deus Todo-Poderoso, temos tentado considerar todas as coisas uma alegria, mas falhamos. É difícil considerar esta situação uma alegria... Como podemos considerar tudo uma alegria quando estamos em meio a um ataque tão poderoso?"

Mas, quando continuou sua oração, ele disse: "Treine-nos nesta nobreza de espírito, nesta nobre reverência, nesta submissão racional e religiosa. Isso só pode ser feito na Cruz de Jesus Cristo, Seu Filho; não há nenhuma outra escola na qual possamos aprender essa sabedoria."[100]

Quando eu era criança, minha tia Louise era dona de uma fábrica de metal. E, naquele tempo, muito antes das agências reguladoras de segurança, eu vagava pelo lugar em meio a homens e máquinas. Empilhadeiras e guindastes balançavam aço pelo ar como acrobatas em trapézios. O metal era desenrolado, triturado e moldado em formas úteis, depois mergulhado em ácido antes de seguir para os caminhões de entrega. Para um garoto como eu, era barulhento, confuso e um pouco assustador. Mas eu fico feliz por ter visto como são feitos os canos que trazem água potável para a pia da minha cozinha.

Essa passagem de Tiago 1 é um tour pelo parque industrial onde Deus nos forma e molda em canos para a água da vida. Estamos em construção, mas a provação da nossa fé produz perseverança, levando à experiência; e por meio de tudo isso nos tornamos canais para as bênçãos divinas.

❋ Meus olhos estão se apagando. O especialista diz que a luz vai sumir completamente. Então eu vou me cingir para a escuridão, citar Tiago 1:2-4, gritar aleluia e seguir em frente.[101]

— herói do Exército de Salvação, Samuel Logan Brengle,
enfrentando idade avançada e cegueira

67. Tiago 1:5

Se, porém, algum de vós necessita de sabedoria, peça-a a Deus, que a todos dá liberalmente e nada lhes impropera; e ser-lhe-á concedida.

O Deus de Israel uma vez ofereceu ao rei de Israel qualquer coisa que ele quisesse. O jovem rei Salomão pediu por sabedoria, e Deus a concedeu livremente.

Aqui em Tiago 1, recebemos a mesma oferta. Mas repare no contexto: a "sabedoria" que Deus oferece está conectada com as "várias provações" do versículo 2, com a "provação de nossa fé" do versículo 3, e nossa necessidade por experiência no versículo 4.

Em tempos de tensão, precisamos da visão soberana, providencial, de Deus e também de Sua calmaria e paz. Precisamos da habilidade de tomar as decisões corretas e dar conselhos criteriosos. Sabedoria é a habilidade dada por Deus de dizer e fazer a coisa certa, do jeito certo, na hora certa, com o tom certo e pelas razões certas.

Esse versículo nos garante que Deus nos dá prontamente essa sabedoria, sem nos repreender por não a termos nós mesmos. É importante, porém, pedir com fé e sem duvidar. "Pois o que duvida é semelhante à onda do mar, impelida e agitada pelo vento" (v. 6).

A escritora de devocionais Hannah Whitall Smith diz sobre esse versículo: "Um cristão vacilante é aquele que confia no amor de Deus em um dia e duvida no outro, e que é alternadamente feliz e triste, de acordo com isso... levados de um lado pro outro por cada vento de doutrina... Seria de se imaginar que mesmo o mais ignorante dos filhos de Deus saberia, sem que lhe fosse preciso ser dito, que esse tipo de relacionamento com o Pai é completamente errado, e que vacilar na fé dessa maneira é uma das coisas que mais desonram ao Senhor. Uma fé vacilante não é apenas desleal com Deus, mas é uma fonte de tristeza inimaginável para nós mesmos e não pode de forma alguma fazer com que evoluamos espiritualmente."[102]

Deus quer que evoluamos espiritualmente. Não vacile ou se preocupe; apenas peça a Deus por sabedoria e confie que Ele a lhe concederá conforme for necessário.

Quer viver na cidade da Sabedoria? No sudoeste de Montana, há uma pequena cidade (população por volta de cem pessoas) que se chama Wisdom, a palavra em inglês para "sabedoria". Eu gostaria de visitar, você não? Wisdom é situada ao longo da trilha explorada por Lewis e Clark, e foi chamada assim porque cresceu às margens do rio que Meriwether Lewis chamou de "Wisdom River" em honra da suposta sabedoria do presidente Thomas Jefferson.

Talvez não possamos viver lá geograficamente, mas podemos viver lá biblicamente. Quando meditamos em sabedoria e bebemos das águas do Rio da Sabedoria, nós conseguimos permanecer calmos, tomar boas decisões e considerar tudo uma alegria.

※ Há três pontos a serem notados (em Tiago 1:5)... Um é a grande deficiência no caráter cristão em geral — sabedoria; outro é o melhor meio de suprir isso — pedir; e o terceiro é a grande garantia de suprimento — o Deus, que a todos dá liberalmente.[103]

— Alexander Maclaren

68. 1Tessalonicenses 5:16

Regozijai-vos sempre.

Nossos próximos três versículos, 1Tessalonicenses 5:16-18, compõem um dos parágrafos mais curtos da Bíblia, e ainda assim essa pequena passagem tem a capacidade de melhorar drasticamente nossos temperamentos. Não é por acidente que eles aparecem no final da carta. Folheie os escritos de Paulo constantes na Bíblia; note como ele muitas vezes fica cada vez mais sucinto e aforístico perto do fim de seus livros, conforme vai ficando sem pergaminho. Eu amo a sabedoria concisa que permeia as conclusões de suas cartas. No fim de 1Tessalonicenses, por exemplo, ele começa a enumerar seus conselhos, mais ou mesmo desta forma:

16 Regozijai-vos sempre.
17 Orai sem cessar.
18 Em tudo, dai graças, porque esta é a vontade de Deus em Cristo Jesus para convosco.
19 Não apagueis o Espírito.
20 Não desprezeis as profecias;
21 Julgai todas as coisas, retende o que é bom;
22 Abstende-vos de toda forma de mal.

O versículo 16 ("Regozijai-vos sempre") é a versão resumida de Filipenses 4:4 ("Alegrai-vos sempre no Senhor; outra vez: alegrai-vos"). A palavra grega aqui se refere à alegria edificante e contínua do cristão. Alegria é o hélio do coração, é o que nos faz flutuar. É o que nos torna leves, flexíveis e que permite que nossas almas nos mantenham no ar.

Tristeza e sofrimento nos assolam na vida. Lágrimas surgem. Desastres acontecem. Mas, em geral, a atitude-padrão daquele que crê é a alegria do Senhor. Essa é a "configuração" natural daqueles que se assemelham a Cristo. Encorajador, descontraído, alegre, feliz. Grato.

Uma vez eu li sobre um homem que cheirava bem não importava onde estivesse ou o que estivesse fazendo. Sua própria pele parecia exalar uma fragrância agradável. Ele trabalhava em uma fábrica de perfumes e passava os dias inspirando seus aromas. Os aromas atravessaram suas roupas, penetraram em sua pele, até mesmo preencheram seus pulmões. Ele se tornou uma perfumaria ambulante.

Isso é o que deve estar acontecendo conosco. Conforme a alegria bíblica permeia a personalidade de alguém, ela coloca um sorriso no rosto, um brilho nos olhos, uma leveza no caminhar, uma cordialidade na voz, uma determinação no coração e uma serenidade em seu comportamento. Isso devia exalar de nós como a essência do Salvador. A alegria do Senhor é a força de nossa vida.

Regozijar às vezes? Regozijar sempre!

Não há desculpas para não memorizar esse versículo. É o mais curto da Bíblia. Quando eu era criança, me disseram que João 11:35 ("Jesus chorou") era o versículo mais curto da Bíblia. Ele *é* o versículo mais curto em nossas traduções. Mas no Novo Testamento grego, 1Tessalonicenses 5:16 é ainda mais curto. Sendo assim temos *dois* versículos mais curtos na Bíblia. Em grego é "Regozijai-vos sempre" e em nossas traduções é "Jesus chorou". Um grande contraste, não é — chorar

e regozijar? Mas que apropriado! Porque Jesus chorou, podemos nos regozijar. Porque Ele carregou nossos sofrimentos, nós experimentamos Sua alegria.

❋ Deus nos paga em alegria que é à prova de fogo, de fome e do mal.[104]

— Billy Sunday

69. 1Tessalonicenses 5:17

Orai sem cessar.

Orai sem cessar é o meio do caminho de uma trilogia de pequenos e transformadores versículos no fim de 1Tessalonicenses. Milhões o memorizaram, se perguntando se é realmente possível fazer isso. E *é*... quando entendemos que:

A oração é um hábito a ser cultivado. O significado de *Orar sem cessar* remete ao fato de que a oração é algo recorrente, algo que continuamos a fazer incessantemente, com frequência, como um padrão perpétuo, não constantemente acontecendo, mas recorrente de forma consistente. Se lermos 1Tessalonicenses, na altura em que chegarmos nesse versículo, vamos ter percebido muitas referências ao hábito. Paulo começa o livro dizendo: "Damos, sempre, graças a Deus por todos vós, mencionando-vos em nossas orações e, sem cessar." No capítulo 2, ele acrescenta: "Outra razão ainda temos nós para, incessantemente, dar graças a Deus: é que, tendo vós recebido a palavra." Ele ainda adiciona no capítulo 3: "Orando noite e dia, com máximo empenho, para vos ver pessoalmente." Paulo não ficava de joelhos 24 horas por dia, mas suas orações eram frequentes e recorrentes.

A oração é uma presença a ser desfrutada. Orar não é apenas um hábito; é uma Presença. Se você viaja sozinho, principalmente para o exterior, talvez entenda a solidão de um quarto de hotel. Algumas pessoas vivem com ela o tempo todo. A consciência constante da presença de Deus é um feixe de luz em um quarto solitário. O próprio Jesus atestou isso em duas ocasiões no quarto evangelho. Em João 8:16, Ele diz: "Porque *não sou eu só*, porém eu e Aquele que me enviou." E, no cenáculo, logo antes de sua prisão e crucificação, Ele disse: "Eis que vem a hora e já é chegada, em que sereis dispersos, cada um para sua casa, e me deixareis só; contudo, *não estou só*, porque o Pai está comigo" (João 16:32, ênfase minha em ambos os versículos). Quando cultivamos uma consciência e uma subconsciência da presença permanente de Deus, se torna natural falar com Ele durante o dia. Aprendemos a orar enquanto passeamos por parques e dirigimos em rodovias. Começamos e encerramos nosso dia com uma oração. Pausamos para orar antes das refeições e reuniões. Nunca nos dispomos a fazer algo significativo sem uma palavra de oração ou louvor.

Esse é um hábito para se cultivar e uma Presença a se desfrutar. E é assim que oramos sem cessar.

Em seu livro clássico *Com Cristo na escola de oração*, Andrew Murray faz uma associação entre esse versículo e Hebreus 7:25 que diz que Cristo está "vivendo sempre para interceder" por nós. "É... a visão de Cristo sempre em oração como nossa vida que nos permite orar sem cessar", explica Murray. "Porque Seu sacerdócio é a oração de uma vida sem fim... orar sem cessar pode se tornar para nós nada menos que a alegria da vida no paraíso."[105]

"Regozijai-vos sempre: orai sem cessar; em tudo dai graças." Sustentada entre a alegria incessante e o louvor incessante, a oração incessante é a manifestação do poder da vida eterna.[106]

— Andrew Murray

70. 1Tessalonicenses 5:18

Em tudo, dai graças, porque esta é a vontade de Deus em Cristo Jesus para convosco.

Na medicina os menores germes podem fazer os maiores estragos, e as menores pílulas podem conter os maiores ataques. Primeira Tessalonicenses 5:16-18 é um parágrafo minúsculo com um efeito descomunal em nossas personalidades. Ele pode curar a irritabilidade, deixar a depressão mais leve, diminuir nossa ansiedade e melhorar nossa disposição. É uma das passagens mais psicologicamente potentes na Bíblia; e, quando memorizada e praticada, pode alterar nossa atitude a qualquer momento.

Em um estilo staccato, o apóstolo Paulo nos diz para sermos alegres, orarmos e sermos gratos. E todos os três versículos são pervasivos: "Regozijai-vos sempre" "Orai sem cessar" e "Em tudo, dai graças".

Regozije-se. Ore. Agradeça. Sempre. Constantemente.

Com 16 palavras, 1Tessalonicenses 5:18 é o versículo mais longo da trilogia. É uma contraparte de um de nossos outros versos memorizados, Romanos 8:28, que diz: "Sabemos que todas as coisas cooperam para o bem daqueles que amam a Deus." Porque todas as coisas cooperam para o bem, podemos agradecer por tudo.

A Bíblia não nos diz para sermos gratos *por* tudo. Algumas coisas são ruins na sua própria natureza. Não há exemplos de heróis bíblicos agradecendo a Deus por acontecimentos ruins ou ataques demoníacos. Mas podemos ser gratos *em* todas as coisas, pois Deus nos prometeu fazer com que todas elas cooperem para o nosso bem.

Muitos psicólogos acreditam que nascemos com níveis de felicidade predeterminados. Assim como todo mundo tem um corpo diferente, temos personalidades diferentes. Alguns são otimistas, outros têm um traço melancólico. O dr. Robert Emmons, da Universidade da Califórnia em Davis, tem demonstrado que há uma maneira de ajustar essas configurações genéticas. É por desenvolver o hábito consciente de sermos gratos em meio a quaisquer circunstâncias que estejamos enfrentando.

"Nós temos prova científica de que, quando as pessoas engajam regularmente no cultivo sistemático de gratidão, elas experimentam uma variedade de benefícios: psicológicos, físicos e interpessoais", escreve o dr. Emmons. "A evidência sobre a gratidão contradiz a visão amplamente difundida de que todas as pessoas têm um 'ponto máximo' de felicidade que não pode ser redefinido por nenhum meio conhecido."[107]

Esse é o conselho dado há dois mil anos em 1Tessalonicenses 5:18.

Em tudo, dai graças, porque esta é a vontade de Deus em Cristo Jesus para convosco.

DICA DE MEMORIZAÇÃO

Ao desenvolver hábitos duradouros de memorização das Escrituras, a maioria das pessoas encontra satisfação em memorizar passagens em vez de versículos individuais. Quando memorizamos uma passagem como 1Tessalonicenses 5:16-18, estamos aprendendo um trecho maior das Escrituras, mas a progressão de versículo a versículo é lógica, fácil de absorver e mais simples de relembrar. Conforme memorizamos versículos subsequentes, automaticamente revisamos os anteriores. Assim, aprendemos a Bíblia contextualmente. Aprender um versículo em seu contexto nos permite interpretá-lo e aplicá-lo de forma mais acurada. Considere expandir seu trabalho de memorização nesse capítulo. Os versículos 12-24 fornecem uma dúzia de ótimos versículos que estão entre os mais psicologicamente poderosos das epístolas.

❋ Nem sempre podemos dar graças *por* tudo, mas sempre podemos dar graças *em* tudo.[108]

— Ruth Bell Graham

FÉ

Confiando em Deus e descansando em Suas palavras

71. Efésios 2:8

Porque pela graça sois salvos, mediante a fé; e isto não vem de vós; é dom de Deus.

Suponha que levássemos um microfone para um shopping e perguntássemos às pessoas: "Você acredita que vai para o Paraíso quando morrer?" Muitos diriam: "Eu espero que sim. Estou tentando viver uma boa vida. Estou tentando ser uma boa pessoa." Efésios 2 discorda. Nunca conseguiríamos alcançar o Paraíso por nossos próprios méritos ou com base no que estamos tentando fazer.

Este capítulo começa revisitando nosso passado. Estávamos mortos nos nossos delitos e pecados (v. 1), andando segundo o curso deste mundo (v. 2), fazendo a vontade da carne e enfrentando a ira de Deus (v. 3). Mas Deus, que exala amor abundante e misericórdia, nos deu vida pela graça (v. 4-5) e nos deu uma herança eterna em Cristo (v. 6-7).

O versículo 8 nos entrega esse fato; é o texto primordial da Bíblia sobre o assunto: *Porque pela graça sois salvos, mediante a fé; e isto não vem de vós; é dom de Deus.*

Quando Jesus morreu na cruz, Ele gritou duas palavras que ressoaram através dos séculos e ecoaram nos quatro cantos da terra até os céus: "Está consumado!" Quando pensamos sobre a salvação, não pensamos na palavra *fazer*, mas em *feito*, ou seja, *consumado*. Não são nossos atos corretos ou os de caridade que fazemos. Não é uma questão de viver uma boa vida ou torcer para que nossas ações altruístas pesem mais do que as egoístas. É questão de o que Jesus *fez* por nós na cruz. Pela graça somos salvos.

Efésios 2:8-10 foi o texto de um incomum sermão revezado entre James Spurgeon e seu neto Charles. O mais novo, que estava apenas começando a pregar, havia sido convidado para falar em determinada igreja, mas seu trem se atrasou. James então se levantou e começou o sermão no lugar, escolhendo Efésios 2:8-9 como o texto-base. Quando Charles chegou, James disse: "Aqui está meu neto. Ele é capaz de pregar o Evangelho melhor do que eu, mas não de pregar um Evangelho melhor, não é?"

Charles subiu no púlpito e começou de onde seu avô havia parado. Alguns minutos depois, quando Charles estava falando sobre a natureza pecaminosa humana, James cochichou: "Eu sei mais sobre isso." Charles se sentou, e James tomou a palavra e finalizou aquele ponto; então ele devolveu o púlpito de volta a seu neto. Conforme finalizada, Charles podia ouvir seu avô atrás de si: "Ótimo! Ótimo. Diga a eles de novo, Charles."

Pelo resto de sua vida, sempre que Charles lia ou pregava a partir de Efésios 2, lá vinha para ele, com força recorrente, as palavras de seu avô: "Diga a eles de novo, Charles. Diga a eles de novo."[109]

❋ Esse é o resumo das coisas que tenho falado a vocês durante todos esses anos. Nessa frase (Efésios 2:8) está contida minha teologia, na medida em que se refere à salvação da humanidade.[110]

— Charles Haddon Spurgeon

72. Efésios 2:9

Não de obras, para que ninguém se glorie.

Conforme a Reforma Protestante começou a se espalhar por toda a Europa, autoridades em Amsterdã procuraram limitar seus efeitos. Quando uma manifestação protestante foi anunciada próxima à cidade, os portões foram fechados para impedir as pessoas de participarem. Mas muitos nadaram pelos canais ou escaparam por pequenas passagens nos muros. Multidões forçaram passagem pelos portões quando eles foram abertos para que as leiteiras pudessem fazer a ordenha matinal. Por volta de 11h, os dirigentes da cidade desistiram, e os portões foram abertos para que a população participasse do encontro. Mais de 5 mil pessoas se reuniram para ouvir Pieter Gabriel pregar um sermão de quatro horas baseado em Efésios 2:8-9: "Porque pela graça sois salvos, mediante a fé; e isto não vem de vós; é dom de Deus; não de obras, para que ninguém se glorie." O evento ajudou a estabelecer a Reforma Protestante na Holanda.[111]

"Justificação pela graça através da fé", era o grito de reforma da manifestação. Mas o que significa dizer que a salvação não vem de obras?

Significa que nunca seremos merecedores da vida eterna por meio de boas ações, viagens missionárias, sorrisos conquistadores, personalidades agradáveis, hábitos de estudo, frequência nos cultos, batismo, participação em uma igreja, se dar bem com os outros, serviço voluntário, ajuda a pessoas em situação de rua, cuidados com jovens, cheques, doação de dinheiro para boas causas, obediência à lei, por sermos bons vizinhos ou cidadãos, uso de símbolos religiosos, dizer sempre a verdade, proferir mantras, atos de heroísmo, atos de bondade ou por darmos nossa vaga de estacionamento para alguém.

Poderíamos construir uma escada até a Lua com um martelo e pregos? Poderíamos cavar um túnel através da Terra com picaretas e pás? Poderíamos atravessar o Oceano Pacífico a nado com máscara e pés de pato? A distância até o Paraíso é muito maior do que até a Lua, a circunferência da Terra ou um oceano. O abismo entre nós e Deus só pode ser cruzado por meio da ponte que é a cruz de Cristo. Não é por "obras de justiça praticadas por nós, mas segundo Sua misericórdia" que somos salvos (Tito 3:5). Não de obras, para que ninguém se glorie.

Senhor, confessamos nossas inúmeras falhas
Quão grande nossa culpa tem sido!
Tolos e vãos eram todos os nossos pensamentos,
E nossa vida era puro pecado.

Não por obras de justiça
Que nossas mãos tenham feito;
Mas somos salvos por graça soberana
Que abunda por meio de Seu Filho.

Erguidos dos mortos, vivemos de novo
E, justificados pela graça,
Devemos aparecer em glória também
E ver o rosto de nosso Pai.
— Isaac Watts

✻ De fato, esse é um dos maiores mistérios do mundo — a saber, que a retidão que reside com Alguém no paraíso deve justificar a mim, um pecador na terra.[112]

— John Bunyan

73. Efésios 2:10

Pois somos feitura dele, criados em Cristo Jesus para boas obras, as quais Deus de antemão preparou para que andássemos nelas.

Ao memorizar Efésios 2:8-9, é vital aprender o versículo 10 também, já que ele contrabalança o ensinamento da Bíblia sobre boas obras. Nunca poderíamos ser salvos *por fazer* boas obras, mas somos salvos *para fazer* boas obras.

Esse é um versículo incrível porque nos diz que embora boas obras não sejam a causa de nossa salvação, são o resultado dela. E Deus até mesmo planejou que essas boas obras estivessem na sua vida e na minha.

Tito 3:4-8 diz a mesma coisa: "Não por obras de justiça praticadas por nós, mas segundo sua misericórdia, ele nos salvou... quero que, no tocante a estas coisas, faças afirmação, confiadamente, para que os que têm crido em Deus sejam solícitos na prática de boas obras."

Ao estudar a história do mundo, você vai descobrir que os cristãos sempre estiveram à frente da benevolência, reforma social, educação, acolhimento e cuidados médicos. Jesus nos disse para deixar nossa luz brilhar diante dos homens, para que vissem as nossas boas obras e glorificassem nosso Pai que está nos céus (Mateus 5:16). Ele disse que, quando visitamos prisioneiros, alimentamos os famintos e ajudamos os oprimidos, é como se estivéssemos fazendo essas coisas diretamente a Ele (Mateus 25:45).

Nós somos os Seus obreiros, criados em Cristo Jesus para fazer Suas boas obras neste mundo.

Mesmo crentes bem informados ficarão surpresos por quantas de nossas instituições e de nossos valores atuais refletem uma origem cristã. Não apenas as vidas de incontáveis indivíduos, mas a própria civilização foi transformada por Jesus Cristo. No mundo antigo, Seus ensinamentos elevaram padrões brutais de moralidade, interromperam o infanticídio, melhoraram a vida humana, emanciparam mulheres, aboliram a escravidão, inspiraram organizações de caridade, ajudaram na criação de hospitais, estabeleceram orfanatos e fundaram escolas.

Nos tempos medievais, o cristianismo manteve, quase que sozinho, a cultura clássica viva, por meio da cópia de manuscritos, da construção de bibliotecas, da moderação de guerras por meio de tréguas e do julgamento de disputas. Foram os cristãos que inventaram os colégios e as universidades, que dignificaram o trabalho como vocação divina e estendeu a luz da civilização para os bárbaros nas fronteiras.

Na era moderna, os ensinamentos cristãos, adequadamente expressos, fizeram avançar a ciência, inspiraram conceitos de liberdade política, social e econômica, promoveram a justiça e forneceram a maior fonte de inspiração para as magníficas realizações na arte, arquitetura, música e literatura que estimamos até hoje... Nenhuma outra religião, filosofia, ensinamento, nação, movimento — o que quer que seja — tem mudado tanto o mundo para melhor como o cristianismo tem feito.[113]

— Paul Maier em *How Christianity Changed the World*,
de Alvin J. Schmidt

❋ Há dois tipos de boas obras: algumas precedem e outras sucedem a justificação. As primeiras meramente parecem ser boas e eficazes; as últimas são realmente boas.[114]

— Martinho Lutero

74. Gálatas 2:20

> *Estou crucificado com Cristo; logo, já não sou eu quem vive, mas Cristo vive em mim; e esse viver que, agora, tenho na carne, vivo pela fé no Filho de Deus, que me amou e a si mesmo se entregou por mim.*[115]

Esse é um versículo que eu memorizei durante os meus anos de faculdade. Eu medito sobre ele há mais de quarenta anos, mas ainda preciso sondar suas profundezas. De forma simples, o texto parece apresentar três configurações da vida cristã.

1. **A vida renunciada.** Fomos crucificados com Cristo, o que significa que fomos até a velha cruz áspera e contemplamos a forma moribunda daquele que sofreu nela por nós. Profundamente emocionados, nos afastamos do tipo de vida que vivíamos antes e tomamos posição no Calvário. Quando James Calvert foi, como missionário, fazer contato com os canibais nas Ilhas Fiji, o capitão do navio tentou convencê-lo a desistir. "Você vai perder a sua vida e a vida daqueles que estiverem com você se for ao encontro desses selvagens", gritou ele. Calvert respondeu apenas: "Morremos antes de chegarmos até aqui." Chega o momento em que precisamos parar de viver pelos nossos próprios planos, abrir mão da posse de nós mesmos e dizer: "Que a Sua vontade seja feita em mim."
2. **A vida trocada.** Não mais vivemos; Cristo vive em nós. Nenhum de nós poderia viver a vida cristã com nossas próprias forças. Nenhum de nós conseguiria resistir às tentações com nossa própria determinação. Nenhum

de nós poderia amar como devemos apenas por nossos próprios esforços. A vida cristã é o Senhor Jesus vivendo diariamente Sua vida através de nós por intermédio do Espírito Santo.

3. **A vida confiante.** A vida que vivemos na carne vivemos pela fé no Filho de Deus que nos amou e entregou a si mesmo por nós. Somos salvos pela fé, trabalhamos pela fé e andamos ao lado Dele todos os dias, usufruindo de Sua presença e confiando plenamente em Suas promessas.

Durante os anos da faculdade na Carolina do Sul, eu perguntei ao meu pastor, dr. H. Edwin Young, se ele podia me contar o segredo do serviço cristão. Ele respondeu: "Você precisa morrer para si mesmo todos os dias. Você precisa disparar 220 volts em si mesmo todos os dias — Gálatas 2:20. 'Estou crucificado com Cristo.'"

Alguém perguntou a George Müller o segredo de sua vitoriosa vida cristã. Ele respondeu: "Chegou o dia em que George Müller morreu, morreu completamente! Seus desejos, preferências e gostos não vinham mais em primeiro lugar. Ele sabia que dali em diante Cristo deveria ser tudo em tudo."

❋ Quando Deus chama um homem, Ele propõe que ele venha e morra.[116]

— Dietrich Bonhoeffer

75. Colossenses 3:15

Seja a paz de Cristo o árbitro em vosso coração, à qual, também, fostes chamados em um só corpo; e sedes agradecidos.

Conforme crescemos em Cristo, a paz interior Dele vai agir como árbitro quando estivermos com inveja, raiva ou quando a ansiedade chegar.

A paz pode ser definida como a tranquilidade dada por Deus. É a habilidade de ser paciente em vez de entrar em pânico, ser maduro e não impulsivo, manter a calma quando os outros estão perdendo o controle. É uma qualidade que não vem naturalmente para muitos de nós, mas que veio perfeitamente para Jesus.

Em Lucas 4, Jesus recebeu o pedido de pregar em sua cidade natal, Nazaré. Depois de ler o texto em Isaías 61, Ele fechou o livro e anunciou que era aquele sobre quem Isaías falava. As palavras majestosas de Isaías, escritas setecentos anos antes, eram uma previsão específica sobre o garoto da cidade que estava diante deles. Os nazarenos, Jesus sugeriu, estavam vendo o cumprimento da profecia messiânica diante de seus olhos.

Isso deu início a uma revolta. Achando que Jesus estava proferindo blasfêmias, o povo explodiu em fúria e indignação. A multidão se ergueu e, com mãos raivosas, empurraram Jesus para fora da sinagoga, em direção a um penhasco nas proximidades com a intenção de matá-lo.

Mas, como Lucas descreve laconicamente, "Jesus, porém, passando por entre eles, retirou-se" (Lucas 4:30). Não sabemos se isso foi um milagre ou não. Mas temos a impressão distinta de que Jesus estava imperturbável, firme, composto e autoconfiante. Com frequência, imagino Jesus passando calmamente por essas muralhas de indignação líquida, como os israelitas cruzando o Mar Vermelho. Havia n'Ele uma calma confiante.

Essa é a paz que Ele detém; essa é a compostura que Ele transmite.

A última frase do versículo diz "sedes agradecidos". Como o *Bible Knowledge Commentary* [A sabedoria bíblica comentada, em tradução livre] explica, essa é uma "atitude de gratidão que contribui para o usufruto de tranquilidade espiritual, enquanto reclamar gera agitação interna".[117] Colossenses 3:15-17 é o ápice dos ensinamentos de Paulo sobre a unidade na congregação. Ele começa o capítulo nos dizendo para pensar nas coisas do alto (v. 2) e para nos despojarmos de atitudes disruptivas como ira, indignação, maldade, maledicência e linguagem obscena (v. 5-8). Ele nos alerta contra a mentira e o preconceito racial (v. 9-11). Em vez disso, devemos nos revestir de misericórdia, de bondade, de humildade e de amor, que é o vínculo da perfeição (v. 12-14). Devemos deixar a paz de Cristo ser o árbitro em nossos corações.

❋ A força verdadeira e a majestade da alma do homem é a calma, a manifestação de força, a paz de Deus governando.[118]

— Frederick W. Robertson

76. Colossenses 3:16

> *Habite, ricamente, em vós a palavra de Cristo; instruí-vos e aconselhai-vos mutuamente em toda a sabedoria, louvando a Deus, com salmos, e hinos, e cânticos espirituais, com gratidão, em vosso coração.*

Assim como João 3:16 provê o cerne do evangelho, Colossenses 3:16 nos provê o cerne da adoração. Ao memorizar esse versículo, considere-o como as anotações de Paulo para um sermão que ele talvez tivesse pregado sobre os cultos de adoração na igreja. Aqui estão os pontos que ele destaca:

1. **Adoração inclui exposição da Bíblia.** Paulo estava preocupado que a mensagem de Cristo fosse ricamente apresentada por meio de instrução e aconselhamento. A palavra *ricamente* significa "abundantemente, em grande medida, em grandes quantidades".
2. **Adoração envolve "uns aos outros".** Instrução e aconselhamento não são assuntos que vão somente do púlpito aos bancos. Instruímos e aconselhamos uns aos outros. Isso me lembra de outro capítulo e verso 3:16, do livro de Malaquias: "Então, os que temiam ao Senhor falavam uns aos outros; o Senhor atentava e ouvia."
3. **Canções são uma grande parte da adoração e...**
4. **Variedade de estilos musicais é bem-vinda.** Devemos louvar Deus com salmos, e hinos, e cânticos espirituais. Salmos são orações baseadas na Bíblia, que são sólidas, profundas e ecoam as palavras das Escrituras (especialmente o livro de Salmos). Hinos são canções ricas e

robustas que resistem ao teste do tempo. Cânticos espirituais são expressões mais leves e animadas de nossa fé e adoração.

5. **A adoração é seguida pela gratidão.** Apesar de Paulo ter terminado o versículo anterior com as palavras "sede agradecidos", ele volta a repetir nesse versículo esse pensamento com a frase "com gratidão".
6. **Adoração inclui oração.** Note as palavras que dizem a quem são direcionados as atitudes do versículo, "a Deus".
7. **Adoração deve envolver tanto a mente quanto as emoções.** Colossenses 3:26 nos diz para aconselharmos com toda a *sabedoria* e para louvarmos com nossos corações (nossas emoções). Isso nos lembra das palavras de Jesus em João 4, que Deus deseja que O adoremos em espírito e verdade.

Conforme memoriza esses versículos, você talvez os confunda com a passagem anterior de Efésios 5. Paulo escreveu a carta ao povo de Éfeso e de Colossos na mesma época e da mesma cela, e expressou sentimentos similares em ambas. Mas há diferenças significativas. Efésios 5 nos diz que quando estamos cheios do Espírito vamos falar entre nós com salmos, hinos e cânticos espirituais. Colossenses 3:16 diz que o mesmo é verdade quando a Palavra de Deus habita ricamente em nós. Pense no seu carro. Seu motor precisa tanto de combustível quanto de ignição. Para o motor da adoração, o combustível é a Palavra de Deus e a abundância do Espírito Santo nos dá a ignição. Ensino bíblico sem poder espiritual produz ortodoxia apática. Empolgação espiritual sem a Palavra de Deus gera fanatismo religioso. Junte os dois e você terá adoração bíblica.

※ A regra é... que transformemos cada verdade que aprendemos *sobre* Deus em um assunto a ser meditado *diante* de Deus, levando à oração e ao louvor *a* Deus.[119]

— J. I. Packer

77. Colossenses 3:17

> *E tudo o que fizerdes, seja em palavra, seja em ação, fazei-o em nome do Senhor Jesus, dando por ele graças a Deus Pai.*

Quero aproveitar essa oportunidade para introduzir os versículos com "E tudo que fizerdes" ou expressões semelhantes. Esses são comandos abrangentes que abarcam todas as nossas palavras, pensamentos, atitudes e ações, projetados para nos tornar doxologias vivas. Há dois versículos assim em Colossenses 3.

- **E tudo o que fizerdes,** seja em palavra, seja em ação, fazei-o em nome do Senhor Jesus, dando por Ele graças a Deus Pai (v. 17).
- **Tudo quanto fizerdes,** fazei-o de todo o coração, como para o Senhor e não para homens (v. 23).

Fico intrigado com a frase do versículo: "Em nome do Senhor Jesus." Isso significa que devemos fazer tudo como o próprio Jesus faria. Cada palavra nossa deveria ser como se fosse Jesus falando.

Recentemente, passei por um procedimento médico que necessitou de anestesia. O hospital me perguntou se eu tinha procuração de plenos poderes e quem deveria tomar as decisões em meu nome em caso de complicações. Nesse caso, a pessoa agindo em meu nome o faria com completa autoridade legal, como se eu mesmo estivesse tomando as decisões.

Esse versículo nos diz que tudo que *falarmos* na vida, devemos falar como se Jesus Cristo estivesse falando. Tudo que *fizermos* na vida, devemos fazer como se Cristo estivesse fazendo aquilo.

E tudo o que fizermos, seja em palavra, seja em ação, devemos fazer em nome do Senhor Jesus.

Além disso, devemos fazer isso dando graças ao Pai.

Na vida cristã, as pequenas coisas muitas vezes são maiores do que as grandes coisas que conquistamos; O Senhor se deleita nas pequenas coisas. Mas sejam coisas pequenas, sejam grandes, façamos tudo em nome de Cristo e pela glória de Deus. Essa é a nossa vocação.

- Tudo quanto te vier à mão para fazer, faze-o conforme as tuas forças (Eclesiastes 9:10).
- Tudo quanto fizerdes, fazei-o de todo o coração, como para o Senhor e não para homens, cientes de que recebereis do Senhor a recompensa da herança. A Cristo, o Senhor, é que estais servindo (Colossenses 3:23-24).
- E tudo o que fizerdes, seja em palavra, seja em ação, fazei-o em nome do Senhor Jesus, dando por Ele graças a Deus Pai (Colossenses 3:17).
- Portanto, quer comais, quer bebais ou façais outra coisa qualquer, fazei tudo para a glória de Deus (1Coríntios 10:31).[120]

Não podemos fazer grandes coisas, apenas pequenas coisas com um grande amor.[121]

— Madre Teresa

78. Romanos 1:16

Pois não me envergonho do evangelho, porque é o poder de Deus para a salvação de todo aquele que crê, primeiro do judeu e também do grego.

Não há nenhum outro pregador na história cristão como George Whitefield, que podia subir em uma lápide e pregar por uma hora, mantendo enormes multidões hipnotizadas com sua voz levada pelo vento, que muitas vezes podia ser ouvida a quase dois quilômetros de distância. Em certa ocasião, porém, ele quase foi intimidado. Whitefield havia sido convidado para pregar em uma Festa do Divino Espírito Santo em Marylebone Fields. Ele e a esposa, Elizabeth, chegaram depois de escurecer, encontrando um cenário de brigas e frivolidades. Barracas de boxe estavam exibindo lutas de mãos nuas, rodeadas por outras de apostas e vendedores de gim.

Quando George, com apenas 27 anos na época, subiu no púlpito improvisado e começou a pregar, a multidão se voltou para ele. Boxeadores deixaram seus ringues sem se preocuparem em vestir as camisas ou esconder os punhos. Ele se interrompeu no meio de uma frase, temendo uma revolta. Sentindo um puxão em sua roupa, olhou para baixo, para sua esposa, Elizabeth, que disse simplesmente: "George, aja como um homem de Deus."

Com um ímpeto de coragem e compaixão, Whitefield falou ressoando por toda a feira: "Não me envergonho do evangelho, porque é o poder de Deus para a salvação de todo aquele que crê." Erguendo as mãos no ar com um gesto expansivo, ele se sobressaltou ao sentir a plataforma oscilar. Pedras e ovos foram atirados em sua direção e um trapaceiro tentou atingi-lo com uma espada. Ainda assim, Whitefield pregou com base em Romanos 1:16

até que almas fossem salvas e uma base para Cristo fosse estabelecida na região.

Conforme lê o prólogo de Romanos, que apresenta o tema e a tese do livro, repare nas afirmações de Paulo nos versículos 14-16. Elas provêm um poderoso esquema sobre testemunho:

- *Sou devedor* (v. 14). Uma vez que tenhamos conhecido Jesus como nosso Salvador, temos a obrigação de contar aos outros o que descobrimos.
- *Estou pronto* (v. 15). Não compartilhamos a mensagem apenas por obrigação, mas por empolgação. Mal podemos esperar para espalhar as boas-novas.
- *Não me envergonho* (v. 16). Não vamos ser intimidados por um mundo hostil ou silenciados por vergonha. Somos uma comunidade que não se envergonha.

Pois não me envergonho do evangelho, porque é o poder de Deus para a salvação de todo aquele que crê.

❋ O evangelho vai salvar os perdidos. Nada mais pode fazer isso. Nada mais está fazendo isso. Nada mais já fez isso. Nada poderá fazer isso. "[O] evangelho...é o poder de Deus para a salvação de todo aquele que crê." O evangelho condena os pecados, o evangelho converte a alma. É pela tolice de pregar o evangelho que homens, mulheres e crianças são trazidos das trevas para a luz, da condenação para a salvação, da morte para a vida, do inferno para o céu.[122]

— Hyman Appelman

79. Romanos 1:17

Visto que a justiça de Deus se revela no evangelho, de fé em fé, como está escrito: O justo viverá por fé.

Ao memorizar Romanos 1:16-17, você tem todo o livro de Romanos em versão compacta. Esses versículos, que finalizam o magnífico prólogo de Paulo aos romanos, resumem o tema e a tese do livro. Versículos 16 e 17 oferecem o vocabulário essencial do cristão. Enquanto lê esses dois versículos, sublinhe as seguintes palavras.

- Evangelho — As boas-novas de Jesus Cristo.
- Deus — A fonte de vida, esperança, perdão e justificação.
- Poder — Essa mensagem contém a onipotência do paraíso.
- Salvação — Libertação do pecado, morte, desespero e inferno.
- Todo aquele — O alcance do evangelho é universal em sua oferta.
- Crê — A condição e o requisito para a justificação.
- Justo — O estado daquele que se reconciliou com Deus.
- Revela — Essa mensagem não pode ser descoberta de baixo; ela precisa ser revelada de cima.
- Fé — A palavra ocorre três vezes no versículo 17, explicando a expressão *aquele que crê* no versículo 16.

No evangelho, Paulo afirma, a justiça de Deus se revela. Isto é, Ele nos diz como compartilhar Sua justiça e se reconciliar com Ele.

Martinho Lutero sugere que a frase "de fé em fé" significa que a justificação se dá inteiramente pela fé. E pela fé do início ao fim.

Como um último comentário, quando memorizamos a frase "O justo viverá por fé", estamos memorizando algo que aparece quatro vezes na Bíblia. Você pode procurar as outras três referências como uma ajuda para a memorização: Habacuque 2:4; Gálatas 3:11; e Hebreus 10:38.

Esse foi o mais importante versículo da Reforma de Martinho Lutero. Quando era um jovem monge, tentando encontrar paz com Deus por meio do ascetismo e da automortificação, ele foi desafiado por seu mentor, Johann von Staupitz, a estudar e ensinar o livro de Romanos. Ele não foi muito longe antes de ficar perplexo com o versículo 17, intrigado dia após dia com o significado da frase "a justiça de Deus". Lutero finalmente se deu conta de que isso se referia à justiça que Deus dá livremente àqueles que acreditam n'Ele. Não podemos ser justificados pelos nossos próprios méritos, somos justificados pela fé, com base no trabalho de Cristo na cruz. Essa percepção iluminou a mente de Lutero como um holofote e ele começou a pregar aquilo como o cerne do evangelho. Em alguns anos, a verdade de Romanos 1:17 se espalhou pelo mundo e mudou o curso da história.

❋ A justiça de Deus não deve ser compreendida como a justiça pela qual (uma pessoa) é justa em si mesma, mas como aquela justiça pela qual somos tornados justos (justificados) por Ele, e isso acontece pela fé no Evangelho.[123]

— Martinho Lutero

80. Salmos 56:3

Em me vindo o temor, hei de confiar em Ti.

Dez palavras, 14 sílabas. Quase do mesmo tamanho de seu número de telefone. Mas que sentença transformadora para se aprender e viver! Note a expressão "em me vindo o temor" — não *se*. O temor — em suas mais variadas formas — nos assola todos os dias. E perceba que Salmos 56:3 não diz:

- Quando vier o temor, eu vou entrar em pânico e desmoronar.
- Quando vier o temor, eu vou ficar deprimido e desistir.
- Quando vier o temor, vou correr e me esconder.

Ele diz: "Em me vindo o temor, hei de confiar em Ti" — na Sua providência, nas Suas promessas, na Sua proteção, no Seu poder, na Sua paz. Fé é ter confiança de que os positivos de Deus são maiores do que os nossos negativos, e que Sua providência ofusca nosso cotidiano. A fé em um Deus fiel é o único antídoto duradouro para o medo debilitante.

Em 1996, minha amiga Dana Thompson começou a ter problemas para andar e, depois de uma ida ao pronto-socorro, foi agendada para uma ablação cardíaca. Mas algo deu errado durante o procedimento, e Dana acordou rodeada por uma atividade frenética e pelo som ensurdecedor das hélices de um helicóptero. Ela estava sendo transferida para um centro médico em Birmingham.

Dana estava assustada não apenas porque se deu conta de que algo estava obviamente errado, mas também porque nunca estivera em um helicóptero antes e as condições climáticas estavam ruins. "Eu estava simplesmente tremendo de medo", disse ela, "mas me dei conta de que meu estado amedrontado não estava honrando a Deus ou servindo como um bom testemunho para os médicos ali. Eu vasculhei então minha mente por um versículo que pudesse me acalmar, mas tudo em que consegui pensar foi em um — *Em me vindo o temor, hei de confiar em Ti*".

"Eu repeti o versículo uma vez atrás da outra em minha cabeça enquanto olhava através da janela e via as casas e ruas lá embaixo. A viagem foi turbulenta, mas eu comecei a orar Salmos 56:3 a Deus. Minha tremedeira passou e foi substituída por calmaria e paz. Eu garanti aos médicos que tudo ia ficar bem e me acomodei para aproveitar uma vista divina do campo, apesar das condições. O que quer que acontecesse, eu sabia, Deus resolveria."

Quando o helicóptero chegou ao centro médico em Birmingham, um renomado cardiologista realizou uma cirurgia de peito aberto. Dana não pôde agradecer ao médico porque ele partiu em uma viagem logo depois, mas ela mais tarde lhe enviou um bilhete de agradecimento e citou Salmos 56:3.[124]

❋ Não há nada como a fé para nos ajudar em um aperto; a fé dissolve dúvidas como o sol espanta a neblina... Em me vindo o temor, disse o bom homem, hei de confiar em Ti.[125]

— John Bunyan

81. Salmos 4:8

*Em paz me deito e logo pego no sono, porque,
Senhor, só tu me fazes repousar seguro.*

O livro dos Salmos contém versículos reconfortantes sobre descanso e sono. Salmos 3, por exemplo, foi escrito enquanto Davi fugia de seu filho que havia se rebelado, Absalão. Ainda assim, no versículo 5, Davi diz: "Deito-me e pego no sono; acordo, porque o Senhor me sustenta." Salmos 23:2 diz: "Ele me faz repousar em pastos verdejantes." E Salmos 121 nos diz que o guarda de Israel não dormita nem dorme. Como o Senhor sabe quando nos deitamos (Salmos 139:3), podemos dormir em paz, pois Ele nos faz repousar seguros (Salmos 4:8).

Salmos 4:8 é particularmente fácil de memorizar porque é curto e vem no final de uma incomum oração antes de dormir. Davi parece agitado no início desse salmo, e muitos estudiosos acreditam que esse também foi escrito durante a rebelião de Absalão. Perceba a quantas pessoas Davi se dirige durante esses oito versículos, como se fosse de uma pessoa para outra.

Ele começa orando a Deus nos versículos 1-2 ("Responde-me quando clamo, ó Deus"). Nos versículos 2-3, ele fala com seus inimigos (Ó homens, até quando… amareis a vaidade"). Então nos versículos 4-5, Davi fala consigo mesmo, lembrando de se acalmar e a não estar pecaminosamente agitado na cama. Nos últimos três versículos, ele retorna a oração, admitindo que seus conselheiros não estão lhe dando nada além de notícias ruins; ainda assim, revela, sente grande alegria interior e finaliza com: *deito e logo pego no sono, porque, Senhor, só tu me fazes repousar seguro.*

Nesse sentido, Salmos 4:8 representa uma grande declaração de fé. Muitas vezes, a maior demonstração de fé não é mover montanhas, mas, sim, se alojar nas cobertas.

Responde-me quando clamo, ó Deus da minha justiça;
na angústia, me tens aliviado; tem misericórdia de mim
e ouve a minha oração.
Ó homens, até quando tornareis a minha glória em vexame,
e amareis a vaidade, e buscareis a mentira?
Sabei, porém, que o Senhor distingue para si o piedoso;
o Senhor me ouve quando eu clamo por ele.
Irai-vos e não pequeis;
consultai no travesseiro o coração e sossegai.
Oferecei sacrifícios de justiça e confiai no Senhor.
Há muitos que dizem: Quem nos dará a conhecer o bem?
Senhor, levanta sobre nós a luz do teu rosto.
Mais alegria me puseste no coração
do que a alegria deles, quando lhes há fartura de cereal e
de vinho.
Em paz me deito e logo pego no sono,
porque, Senhor, só tu me fazes repousar seguro.

⁂ Quantas de nossas horas sem dormir podem ser atribuídas às nossas mentes sem confiança e desordenadas. Dormem docemente aqueles que a fé embala para dormir. Nenhum travesseiro é tão macio quanto uma promessa; nenhum cobertor é tão quente quanto um interesse garantido em Cristo.[126]

— Charles Haddon Spurgeon

82. Hebreus 11:6

De fato, sem fé é impossível agradar a Deus, porquanto é necessário que aquele que se aproxima de Deus creia que ele existe e que se torna galardoador dos que o buscam.

Há muitos anos, uma tragédia se abateu sobre nossa igreja. Três pessoas morreram e tivemos um funeral triplo; os três caixões alinhados em frente a nosso púlpito. Foi uma semana horrenda e, quando chegou o domingo à noite, não havia mais nada em meu coração que eu pudesse dizer. Então, quando chegou o momento do sermão noturno, eu simplesmente abri em Hebreus 11 e o li, todos os quarenta versículos. Então, fechei minha Bíblia, fiz a oração da bênção apostólica e mandei que todos fossem para casa. Eu fiquei surpreso com o impacto. As pessoas estavam profundamente comovidas, algumas chorando abertamente. Um homem que estava soluçando enquanto partia me disse que nunca soube que havia tanto poder contido nesse capítulo.

O tema do livro de Hebreus é a perseverança. Ele foi escrito para um grupo de cristãos judeus que estavam enfrentando oposição, e o escritor estava preocupado que alguns deles desistissem do Evangelho. No capítulo 10, ele os relembra os dias anteriores, quando haviam sido publicamente expostos às provocações e aflições (v. 33), e alguns tiveram suas posses confiscadas (v. 34). Ele então os exorta a não abandonar a confiança (v. 35), mas a exercitar a perseverança (v. 36).

O que nos leva ao capítulo 11, no qual são apresentados os grandes heróis perseverantes do Velho Testamento. Esse capítulo é muitas vezes chamado de "O capítulo sobre fé da Bíblia", "Abadia de Westminster das Escrituras", em referência ao local onde foram enterrados muitos fiéis cristãos, e "Galeria dos Heróis da Fé". Esse capítulo começa nos dando a definição clássica da Bíblia para a fé, no versículo 1: "Ora, a fé é a certeza de coisas que se esperam, a convicção de fatos que se não veem." E, de acordo com o versículo 6, sem esse tipo de fé, é impossível agradar a Deus. Aqueles que se aproximam de Deus precisam crer que Ele existe e que Ele se torna recompensador dos que O buscam.

Aqui estão quatro razões pelas quais a fé é necessária para agradar a Deus.

1. *A fé traz salvação para nossa vida.* Como vimos em versículos anteriores, somos salvos pela graça por meio da fé.
2. *Fé traz motivação para nosso trabalho.* O tema de Hebreus 11 é que a fé nos leva a fazer coisas para Deus que nunca poderíamos fazer de outra forma. Ela nos motiva, alimenta e impulsiona nosso trabalho. O próximo versículo (v. 7) diz como Noé, pela fé, construiu uma arca e salvou sua família.
3. *A fé traz descanso a nossas almas.* Quando somos tentados a nos preocupar e temer, descobrimos que Deus tem nos dado múltiplas promessas e garantias para cada reviravolta da vida.
4. *A fé nos dá empolgação pelo nosso futuro.* Ansiamos, pela fé, por uma cidade cujo arquiteto e edificador é Deus (v. 10, 16).

❋ [A fé] glorifica a Deus de forma excepcional, porque ela prova que temos mais confiança em Sua visão do que na nossa própria.[127]

— C. H. Mackintosh

Enviados

A Grande Comissão e nossa tarefa global

83. Mateus 28:18

> *Jesus, aproximando-se, falou-lhes, dizendo: Toda a autoridade me foi dada no Céu e na Terra.*

O livro de Mateus, o mais judeu dos Evangelhos e aquele alocado bem depois da última página do Velho Testamento, termina com a Grande Comissão de Cristo para todo o mundo. Mateus começa seu relato designando Cristo como o filho de Davi, filho de Abraão e Rei dos Judeus (1:1; 2:2); e o termina com um mandato missionário para as nações.

Além disso, é incrível que Mateus não tenha escolhido concluir seu Evangelho descrevendo a espetacular ascensão do Senhor. Ele nem mesmo termina com uma promessa do retorno de Cristo. Ele não diz nada sobre a vinda do Espírito Santo. O último capítulo do Evangelho chega ao ápice e termina, abrupta e dramaticamente, com uma ordem para que seja divulgada a notícia da ressurreição de Cristo a todos os cantos da Terra até o fim dos tempos.

Se você ler o capítulo 28 cuidadosamente, vai notar que há duas outras "grandes comissões" que levam à "Grande Comissão" final.

Nos versículos 6-7, o anjo diz às mulheres no sepulcro: "Ele não está aqui; ressuscitou, como tinha dito. Vinde ver... Ide, pois, depressa e dizei."

No versículo 10, o próprio Jesus interceptou as mulheres enquanto elas corriam do sepulcro. "Ide avisar", ordenou a elas.

Então, nos versículos 18-20, todos nós somos ordenados a "ir avisar" e essa ordem é precedida por uma reivindicação bem abrangente. Jesus declara que a Ele foi concedida toda a autoridade no Céu e na Terra. Com essa autoridade suprema, o Filho então designa você e eu para fazermos a nossa parte, ao longo de cada dia e onde quer que formos, espalhar Suas boas-novas.

A Grande Comissão foi aparentemente dada por Cristo em um monte na Galileia. Sabemos que os 11 apóstolos estavam lá, mas talvez Ele tenha tido uma audiência maior. Até onde sabemos, essa foi a única vez que o Cristo ressuscitado fez uma aparição previamente combinada. As outras aparições, mais ou menos dez, foram sem aviso; mas essa foi planejada por Jesus antecipadamente e explicada aos discípulos mesmo antes de Ele morrer na cruz (Mateus 26:32, 28:7, 10, 16). Não há nenhuma indicação de que essa informação fosse segredo, então podemos presumir que os discípulos vieram com suas famílias, filhos e amigos da cidade; essa foi provavelmente a vez em que uma multidão de quinhentas pessoas viram o Salvador ressuscitado (1Coríntios 15:6). Alguns desses, tendo apenas ouvido os rumores da ressurreição, duvidaram (Mateus 28:17). Ao vê-Lo a distância, questionaram.

Mas quando Ele se aproximou, todos O viram e O adoraram (v. 17-18). As palavras de Jesus alimentaram a missão da igreja por dois mil anos e vai impulsionar seus ministérios até Seu retorno.

A Grande Comissão não é uma opção a ser considerada; é uma ordem a ser obedecida.

— Hudson Taylor

84. Mateus 28:19

Ide, portanto, fazei discípulos de todas as nações, batizando-os em nome do Pai, e do Filho, e do Espírito Santo.

A Grande Comissão é fácil de memorizar se você mantiver em mente seus cinco principais componentes.

1. **O poder d'Ele.** Em nossa igreja, às vezes, enviamos missionários para deixarem o país e servirem em outros lugares. Mateus 28 dá a comissão de nosso Senhor para todos os cristãos. A Grande Comissão começa com a declaração de Cristo de sua autoridade sobre os céus e a terra. Ele tem o direito de nos enviar mesmo àqueles que não nos convidaram. Estamos autorizados a ir com a proteção de Seu ilimitado poder e autoridade.
2. **O propósito d'Ele.** Devemos fazer discípulos. Essa passagem literalmente diz "fazei discípulos". Um discípulo é alguém que aceita Cristo como seu Senhor, está ativamente crescendo em Sua Palavra e está completamente comprometido com o Seu propósito de fazer outros discípulos.
3. **O lugar d'Ele.** Nossa área de ministério é o mundo: "Todas as nações." Em Mateus 24, Jesus predisse que o Evangelho seria pregado por todo o mundo, para testemunho a todas as nações antes que Ele retornasse.
4. **O plano d'Ele.** Fazer discípulos envolve dois passos simples: ensinar e batizar. Batizar implica que compartilhemos o evangelho e guiemos alguém a recebê-lo. Então precisamos ensinar aquela pessoa. Note que Jesus não diz "ensinando-os todas as coisas que vos tenho ordenado",

mas "ensinando-os *a guardar* todas as coisas que vos tenho ordenado". Discipulado não é apenas uma questão de estudo, mas uma transformação de vida.

5. **A presença d'Ele.** Assim como Jesus começa Sua Comissão declarando Seu poder, Ele a termina prometendo Sua presença. Ele estará conosco todos os dias até a consumação do século. Ele é uma ajuda muito presente, um Amigo que é mais próximo do que um irmão e o Parceiro invisível em todos os esforços para Seu reino.

Já reparou como Deus criou cada coisa viva para se propagar? Não consigo superar a persistência com que as plantas se espalham no meu pequeno jardim. Ervas daninhas e gramíneas teimosas brotam nos adubos, criando pequenas trincheiras problemáticas. Framboesas próximas brotam novos caules como foguetes, disparando pelo ar, pousando, criando raízes e enviando mais caules para os arredores. Os bordos da vizinhança enviam uma força aérea de helicópteros que jogam suas sementes como bombas em todos os meus canteiros e vasos de flores. Sendo assim, não deveria ser nenhuma surpresa que Deus tenha dado à Sua igreja o mesmo potencial. É natural para a igreja de Jesus Cristo se espalhar como o é para as ervas daninhas, framboesas e bordos. E, na verdade, não é apenas um potencial ou um padrão de comportamento; é uma ordem. É nossa comissão. Fomos enviados como helicópteros para este mundo para espalhar a mensagem de Cristo para cada pessoa, até cobrirmos todo o globo.

❋ Se uma comissão da parte de um rei terrestre é considerada uma honra, como pode uma comissão de Rei Celestial ser considerada um sacrifício?

— David Livingstone

85. Mateus 28:20

Ensinando-os a guardar todas as coisas que vos tenho ordenado. E eis que estou convosco todos os dias até à consumação do século.

Ao memorizar esse versículo, pensei sobre o explorador-missionário David Livingstone, que se apoiou nele várias vezes durante longas peregrinações pela África. Veja esse trecho do seu diário, de 14 de janeiro de 1856, quando ameaçado por nações hostis.

Fiquei angustiado à noite com a perspectiva de ter todos os meus esforços para o bem-estar desta grande região e sua população abundante destruído por selvagens amanhã... Mas li que Jesus disse: "Toda a autoridade me foi dada no céu e na terra. Ide, portanto, fazei discípulos de todas as nações... E eis que estou convosco todos os dias até à consumação do século." Tomei isso como Sua palavra de honra e então saí para fazer medições de latitude e longitude, que, eu acho, foram muito bem-sucedidas.[128]

A promessa da presença de Deus é uma poderosa realidade para todos os trabalhadores cristãos. Ela foi originalmente dada a 11 discípulos ao lado de um monte na Galileia e impressionou tão profundamente Mateus que foi escolhida para terminar seu Evangelho com essas palavras em vez de registar a ascensão de nosso Senhor aos céus ou Sua promessa de retorno.

Que alegria participar constantemente a presença do Senhor!

A missionária Rosalind Goforth contou sobre uma época em que ela e sua família estavam em perigo extremo durante o

Levante dos Boxers na China. Eles estavam rodeados por uma multidão sanguinária e Rosalind foi tomada por um medo avassalador — não de ser morta, mas de ser torturada, o que era mais provável. Seu marido então tirou do bolso um pequeno exemplar da Bíblia e leu: "O Deus eterno é a tua habitação e, por baixo de ti, estende os braços eternos" (Deuteronômio 33:27). Ele continuou recitando versículos similares.

"O efeito daquelas palavras em um momento como aquele foi impressionante", conta Rosalind. "Todos nos demos conta de que Deus estava falando conosco. Nunca havia existido uma mensagem mais direta a um homem mortal da parte de Deus do que aquela mensagem para nós. Praticamente, a partir do primeiro versículo, minha alma pareceu ser inundada por uma grande paz; qualquer traço de pânico desapareceu; e eu senti a presença de Deus ali conosco. De fato, só teria sido mais real se tivéssemos O visto de maneira visível."[129]

Essa promessa não é apenas para missionários em momentos de perigo. A presença permanente do Senhor Jesus é uma bênção para todos os filhos de Deus.

Mas eu voltarei sem apreensão e com grande satisfação. Quer saber o que me sustentou durante todos os anos de exílio entre pessoas cuja língua eu não entendia e cuja atitude em relação a mim era muitas vezes hostil? Foi isso: "E eis que estou convosco todos os dias até à consumação do século." Apostei tudo nessas palavras e elas nunca me decepcionaram.

— David Livingstone, em uma palestra na Universidade de Glasgow, antes de retornar à África

86. Atos 1:8

> *Mas recebereis poder, ao descer sobre vós o Espírito Santo, e sereis minhas testemunhas tanto em Jerusalém como em toda a Judeia e Samaria e até aos confins da terra.*

Atos 1:8 é a chave que abre a porta de Atos e os portões da história cristã.

Atos 1:8 representa as últimas palavras conhecidas de Jesus durante seu ministério na Terra. O versículo 9 indica que essa foi a última coisa que Jesus disse antes de ser "elevado às alturas". Lucas 24:50-53 diz que Ele ascendeu aos Céus enquanto abençoava Seus discípulos, mas Suas palavras de bênção não são mencionadas. Atos 1:8 são Suas palavras finais para nós. Não deveria Sua última ordem ser nossa principal preocupação?

Atos 1:8 representa a passagem de bastão do Filho para o Espírito quanto à missão divina na terra. Jesus indicou no Sermão do Cenáculo (João 13-17) que, em Seu corpo físico, Ele iria retornar ao Paraíso. Sua presença aqui ia ser substituída, por assim dizer, pelo Espírito Santo; e ele disse aos seus discípulos em Lucas 24 para se demorarem em Jerusalém até o Espírito chegar. Em Atos 2, nós temos essa chegada, o derramamento do Espírito Santo sobre a igreja. O livro de Atos (e toda a história cristã subsequente) é a história do que Jesus continua a fazer (veja o versículo 1) na terra por meio do trabalho do Espírito Santo sobre a igreja.

Atos 1:8 provê o índice do livro de Atos. Ao ler Atos, fica claro que os capítulos 1-7 descrevem o evangelho adentrando Jerusalém; os capítulos 8-12, Judeia e Samaria; e os capítulos 13-18, os confins da terra, exatamente como descrito em Atos 1:8.

Atos 1:8 representa o propósito de Cristo para a duração da história até seu retorno. É nossa atribuição pessoal, e cada dia de nossa vida deve ser gasto em prol de sua ambição e autoridade.

A. W. Tozer sobre Atos 1:8

"Mas recebereis poder." Com essas palavras, nosso Senhor elevou as expectativas de Seus discípulos e os ensinou a esperar ansiosamente pela vinda de uma potência sobrenatural em suas naturezas, vinda de uma fonte fora deles mesmos. Essa viria de algo antes desconhecido por eles, algo que cairia sobre eles como vindo de outro mundo. Era nada menos que o próprio Deus tomando-os com o propósito de reproduzir sua própria natureza dentro deles... Esse poder virá sobre homens impotentes como uma gentil, mas irresistível, invasão de outro mundo, trazendo uma potência interior além de qualquer coisa que possa ser despertada internamente. Esse poder é suficiente; nenhuma ajuda adicional é necessária, nenhuma fonte auxiliar de energia espiritual.[130]

Poder se derramou sobre a igreja, um poder como nunca havia sido liberado na natureza humana antes (com a única exceção daquela poderosa unção que veio sobre Cristo pelas águas do Jordão). Esse poder, ainda ativo na igreja, permitiu que ela existisse por quase vinte séculos.[131]

— A. W. Tozer

SALMOS 23

O Senhor é meu pastor

87. Salmos 23:1

O Senhor é o meu pastor; nada me faltará.

Esse salmo tem sido fonte de força e conforto por três mil anos. É o poema mais amado da história, a passagem mais memorizada da Bíblia e a mais vívida alegoria já escrita. Alguns anos atrás, quando eu estava passando por um período difícil e não conseguia dormir por causa da ansiedade, eu encontrava descanso à noite repetindo esse salmo em minha mente. Ele tem um poder de acalmar que não pode ser encontrado em nenhum outro lugar.

Quando era um jovem pastor, Davi percebeu que sua relação com o rebanho era como a relação do Senhor com ele: totalmente dependente de alguém que lhe cuidasse.

Ao contrário de muitos animais, as ovelhas não conseguem sobreviver sozinhas. Elas não podem lutar com seus cascos e dentes. Não conseguem rastrear comida. Não conseguem correr muito facilmente, cavar buracos ou subir em árvores para escapar de predadores. Não conseguem dar coices ou morder. Elas precisam de um pastor para cuidar delas, assim como nós precisamos.

É por isso que esse salmo não diz "O senhor é *um* pastor" ou "O senhor é *o* pastor". Ele diz: "O senhor é o *meu* pastor." E se Ele é meu pastor, nada me faltará.

- Não me faltará paz e provisões, pois Ele me proverá pastos verdejantes e águas de descanso.
- Não me faltará esperança e encorajamento, pois Ele refrigera minha alma.
- Não me faltará orientação, pois Ele me guia pelas veredas da justiça por amor do seu nome.
- Não me faltará libertação, pois Ele estará comigo mesmo no vale da sombra da morte.
- Não me faltará proteção, pois o bordão e o cajado d'Ele me consolam e Ele prepara uma mesa para mim na presença dos meus adversários.
- Não me faltará ajuda ou cura em todos os eventos da vida, pois Ele unge minha cabeça com óleo.
- Não me faltarão bênçãos infindáveis, pois o meu cálice transborda e bondade e misericórdia me seguirão todos os dias da minha vida.
- Não me faltarão vida eterna e o paraíso, pois habitarei a casa do Senhor para todo o sempre.

DICA DE MEMORIZAÇÃO

Se você já memorizou esse salmo, por que não aprendê-lo em uma versão que possa cantar? Há vários hinos e canções disponíveis com o texto de salmos e tanto as melodias quanto as letras podem ser encontradas na internet. Quem sabe você não acha seu hino favorito, como foi meu caso?

※ Três mil anos se passaram desde que Davi cantou essa bela canção, e ainda assim ela é nova e revigorante como se tivesse surgido esta manhã.[132]

— J. Wilbur Chapman

88. Salmos 23:2

Ele me faz repousar em pastos verdejantes.
Leva-me para junto das águas de descanso.

Ovelhas se alimentam de pé. Uma vez, tivemos um pequeno rebanho e o único momento em que as via comendo deitadas era quando estavam doentes. Ovelhas comem sobre as quatro patas, então procuram um lugar à sombra para ruminar. Quando o salmista diz: "Ele me faz repousar em pastos verdejantes", ele quer dizer: "Estou bem satisfeito. Tive o suficiente para comer. Minhas necessidades foram saciadas. Agora vou me acomodar satisfeito."

E o que dizer sobre as águas de descanso? Ovelhas se assustam com água corrente já que, por causa de sua pesada lã, elas podem se encharcar e acabar se afogando. Nossas ovelhas não se aproximavam do bebedouro enquanto eu estivesse enchendo-o com a mangueira. O som e a visão da água respingando as incomodava. Mas, quando a água estivesse parada, elas viriam e beberiam o quanto queriam.

Quando estamos sob os cuidados e propriedade do Pastor, Ele vai garantir que cada uma das nossas necessidades seja atendida, de um jeito ou de outro — nossas necessidades externas, internas e mesmo nossas necessidades eternas.

Nosso trabalho é pastar nos doces pastos da Palavra e beber das águas de descanso do Espírito. Um antigo escritor, William Evans, observou: "É um fato conhecido o quanto é difícil fazer com que o povo de Deus se deite. Eles vão fazer quase tudo e qualquer coisa, menos isso. Eles vão correr, andar, lutar, cantar, ensinar, pregar, trabalhar, em resumo, quase qualquer coisa, exceto procurar tempos de calma e períodos de descanso para comungar secretamente com Deus ou buscar uma nutrição tranquila da alma... Não gostamos de pausas... da correria para o silêncio (ao qual) Jesus nos chamou."[133]

Durante algumas estações do ano, nossas ovelhas quase não bebiam água de seu bebedouro. Aprendemos que, se o clima estiver propício, ovelhas podem ficar um longo tempo sem beber água por causa do orvalho. Quando a grama está bem molhada, a ovelha consegue extrair a umidade necessária para se nutrir. É uma maravilhosa analogia das Escrituras embebidas em Espírito. No início da manhã, poder pastar nos doces pastos da Palavra de Deus cobertos pelo úmido orvalho do Espírito Santo. Que imagem adequada do tempo de silêncio diário do cristão.

DICA DE MEMORIZAÇÃO

Não poupe esforços para aprender esse salmo, que é memorizado por gerações desde a antiguidade até os dias de hoje. É citado através dos séculos e milênios. São apenas seis versículos com por volta de cem palavras, que resumem nossas necessidades na vida e todas as provisões da graça divina. Aprenda um versículo por vez, com cada um deles se construindo sobre o anterior. Lembre-se: Ele começa em "pastos verdejantes" e termina "na Casa do Senhor para todo o sempre".

※ Meu fiel pastor é o Senhor, satisfazendo todas minhas necessidades; em pastos verdejantes Ele me faz descansar, às águas de descanso me guia.

— Saltério Presbiteriano

89. Salmos 23:3

Refrigera-me a alma. Guia-me pelas veredas da justiça por amor do seu nome.

Muitos heróis bíblicos foram pastores. Abraão, Isaque, Jacó e os patriarcas eram pastores. Moisés estava pastoreando quando Deus o chamou para guiar os israelitas. O rei Davi começou sua vida como pastor, e as lições que aprendeu o prepararam para o reinado. Aparentemente, pastorear ovelhas era uma boa preparação para pastorear pessoas. O profeta Amós era um pastor que o Senhor tirou de pastorear seus rebanhos para pregar a Israel. O anúncio do nascimento de Jesus foi feito a pastores que cuidavam de seus rebanhos à noite. No Velho Testamento, Jeová é descrito como nosso Pastor; e no Novo Testamento, Jesus disse: "Eu sou o bom pastor."

Se quisermos entender a Palavra de Deus e seus meios, precisamos saber um pouco sobre o pastorear bíblico. Uma das coisas mais importantes era guiar o rebanho para o lugar certo pelo caminho correto. Conforme o verão aquecia, os pastos mais baixos secavam, forçando os pastores a guiarem suas ovelhas para pastos mais altos. As ovelhas rapidamente ocupavam a área e isso também criava a necessidade de novos pastos. O pastor precisava saber onde eles estavam e como chegar lá. Ele não podia arriscar guiar seu rebanho para penhascos sem saídas ou para lugares sem água ou que estivessem fora dos limites. Ele precisava ir antes do rebanho, checar o caminho, localizar os pastos e então guiar seu rebanho até lá em segurança.

Para os escritores bíblicos, essa era uma analogia sobre a orientação divina. Ele refrigera nossas almas, dando-nos a disposição de que precisamos; e nos guia pelos caminhos corretos, nos dizendo que direção que quer que tomemos.

Outros ótimos "Versículos de Pastoreio" na Bíblia:

- Provérbios 3:5-6: Confia no Senhor de todo o teu coração e não te estribes no teu próprio entendimento. Reconhece-o em todos os teus caminhos, e ele endireitará as tuas veredas.
- Salmos 37:23: O Senhor firma os passos do homem bom e no seu caminho se compraz.
- Salmos: 139:16: E no teu livro foram escritos todos os meus dias, cada um deles escrito e determinado, quando nem um deles havia ainda.
- Isaías 48:17: Eu sou o Senhor, o teu Deus, que te ensina o que é útil e te guia pelo caminho em que deves andar.
- Salmos 32:8: Instruir-te-ei e te ensinarei o caminho que deves seguir; e, sob as minhas vistas, te darei conselho.
- Salmos 48:14: Que este é Deus, o nosso Deus para todo o sempre; Ele será nosso guia até à morte.
- Salmos 73:24: Tu me guias com o teu conselho e depois me recebes na glória.

❋ O Salvador, como um pastor nos guia, precisamos muito de Teu terno cuidado.

— Dorothy Thrupp

90. Salmos 23:4

Ainda que eu ande pelo vale da sombra da morte, não temerei mal nenhum, porque tu estás comigo; o teu bordão e o teu cajado me consolam.

A chave para entender Salmos 23 é reconhecer que ele é geograficamente progressivo. Era um rebanho em movimento. Ele começa nas planícies perto de Belém, do Neguebe ou Jericó, onde pastos de primavera estavam disponíveis. Conforme o verão progredia, os rebanhos migravam em direção ao norte, eventualmente chegando às chapadas às quais se referem o próximo versículo ("Preparas-me uma mesa"). Em Gênesis 37:14-17, os filhos de Jacó seguiram um itinerário similar com seus rebanhos, indo em direção ao norte a partir do Hebrom, a Siquém e Dotã. Esse percurso inevitavelmente passava por vales e penhascos.

O versículo começa com as palavras "ainda que", fazendo uma conexão com o versículo anterior. Deus nos guia pelos caminhos certos, mesmo quando as circunstâncias parecem sombrias e difíceis. Algumas vezes, nossa rota envereda por vales sombrios quando enfrentamos estresse e tensão, luto e tristeza. Durante tempos assim, nós não tememos "mal nenhum, porque Tu estás comigo; o Teu bordão e o Teu cajado me consolam".

A presença do pastor era o maior dos confortos para as ovelhas. Assim como o bordão, um porrete usado contra predadores. O cajado era útil em alcançar ovelhas que se afastassem para perto demais dos precipícios.

Com esse versículo chegamos à metade do salmo, um pensamento reconfortante. Isso significa que o vale não dura para sempre. Então leremos sobre uma mesa posta, cálices transbordantes, bondade e misericórdia e um lar eterno.

Note que há uma sutil mudança de pronomes nesse versículo. Até agora tinha sido "O Senhor... *Ele*...". Ele me faz repousar em pastos verdejantes... Refrigera-me... Guia-me... Agora, no vale, se torna *Você*: "Tu estás comigo; o Teu bordão e o Teu cajado me consolam." Nesse ponto, Salmos 23 se torna uma oração.

Quando Davi escreveu Salmos 23:4, ele talvez tenha baseado a imagética no Wadi Qelt, um vale profundo perto de Belém. No Oriente Médio, a palavra *wadi* é usada para se referir a uma ravina profunda ou vale seco, e o Wadi Qelt é um cânion acidentado que se estende da área de Jerusalém—Belém até a área de Jericó—Rio Jordão. Por muitos anos, quando guiei viagens para Israel, eu procurava por motoristas dispostos a nos transportar pelo Wadi Qelt. Nem todos os motoristas aceitam essa rota por causa dos penhascos súbitos e curvas fechadas. Na nossa última viagem para a Terra Sagrada, fiquei chateado ao descobrir que essa velha estrada havia sido bloqueada pelo governo israelense porque homens-bomba estava usando o Wadi Qelt para entrar em Jerusalém a partir de Jericó. Essa é a rota que Jesus teria seguido nos tempos bíblicos, e Ele usou a localização como cenário para sua história sobre o Bom Samaritano. É o tradicional "vale da sombra da morte".

❋ A sombra de um cachorro não pode morder; a sombra de uma espada não pode matar; a sombra da morte não pode nos destruir.

— Charles Haddon Spurgeon

91. Salmos 23:5

Preparas-me uma mesa na presença dos meus adversários, unges-me a cabeça com óleo; o meu cálice transborda.

Conforme a geografia desse salmo progride, agora chegamos aos altos platôs e planaltos onde os músculos do pastor são colocados à prova. Há pedras para escavar, arbustos espinhosos para serem retirados, pastos para cultivar para os rebanhos, água para canalizar e leões para espantar. Nosso Pastor provê para nós mesmo nos lugares remotos, mesmo na presença de predadores inimigos.

Algumas vezes, encontramos inimigos humanos, colegas de trabalho ardilosos, vizinhos desagradáveis ou familiares hostis. Inimigos piores se assomam sobre nós — pensamentos egoístas, mentes impuras, atitudes invejosas ou ânimos amargos. Os mais perigosos de todos são as forças espirituais satânicas nos rondando como leões rugindo em busca de ovelhas para devorar.

Nosso Pastor nos livra de todos os inimigos. Jesus disse: "As Minhas ovelhas ouvem a Minha voz; Eu as conheço, e elas Me seguem. Eu lhes dou a vida eterna; jamais perecerão, e ninguém as arrebatará da minha mão" (João 10:27-28).

O Senhor nos unge com o óleo do Espírito Santo, aliviando nossas dores, cortes, batidas e hematomas. E, enquanto Ele cuida de nossas necessidades, podemos dizer: "Nossos copos transbordam!" Prover água para as ovelhas não era um trabalho simples. Em lugares sem uma fonte natural de água, poços eram cavados com mãos e pás primitivas. Em Gênesis 29, por exemplo, Jacó encontrou um enorme poço na Mesopotâmia que atendia a três diferentes pastores. Em certo momento do dia, os trabalhadores removiam a pedra que cobria o poço e retiravam água, despejando-a em cochos até que transbordassem. Para o salmista, tal cena ilustrava as bênçãos transbordantes de Deus em nossa vida.

Um dia, quando eu estava checando nossas ovelhas, eu me assustei ao ver que o cavalo tinha arrancado um pedaço da orelha de uma de nossas fêmeas. Eu não vi acontecer, mas não havia dúvida de que uma boa parte de sua orelha havia sido cortada pelo cavalo. A princípio, eu não sabia o que fazer, mas então pensei nesse versículo das Escrituras. Pegando uma garrafa de azeite de oliva da cozinha, eu lavei a orelha ferida e esfreguei o azeite no ferimento. Aquilo pareceu aliviar a ovelha e, depois de vários tratamentos, a ferida sarou. Mais tarde, eu estava contando isso a outro fazendeiro de ovelhas e ele disse: "Ah, sim. Esse é um pequeno truque que usamos em exposições de rebanhos. Se uma ovelha está em exposição e se machuca, esfregamos um pouco de azeite de oliva no ferimento e isso resolve."

※ Não há má vontade na benevolência de Deus; Ele não mede Sua bondade como um boticário contando suas gotas... A maneira de Deus é sempre caracterizada por... abundância transbordante.[134]

— F. B. Meyer

92. Salmos 23:6

Bondade e misericórdia certamente me seguirão todos os dias da minha vida; e habitarei na Casa do Senhor para todo o sempre.

Salmos 23 é de uma simplicidade genial, e esse versículo final tem dois pontos simples: se o Senhor é nosso Pastor, temos bondade e misericórdia *atrás* de nós e a Casa de nosso Senhor *à frente*.

A palavra *bondade* nesse versículo significa "benefícios, circunstâncias desejáveis, bem-estar, prosperidade, felicidade, bênçãos". É uma palavra abrangente que indica que temos um bom Deus que faz apenas coisas boas e dá apenas bons presentes àqueles que O conhecem.

A palavra *misericórdia* vem de uma grande palavra do Velho Testamento para o amor constante de Deus, cuja natureza é perdoadora e benevolente. Ele rodeia nossa vida com atos de bondade imerecidos, tudo por causa de Seu amor leal e real por nós.

O verbo é *seguir*. O termo hebreu que Davi usou originalmente era uma palavra proativa, que significava "perseguir". É como se estivesse dizendo que essas duas qualidades — bondade e misericórdia — fossem como cães de pastoreio. Muitas vezes, onde há rebanhos, você verá o pastor seguindo à frente do rebanho, seguido pelas ovelhas. Atrás e correndo ao longo dos flancos, estão os cães de pastoreio que ajudam a guiá-las.

É fascinante ler sobre cães de pastoreio. Eles são encontrados ao redor de todo o mundo em todo tipo de sociedade com agricultura desenvolvida. São animais de trabalho treinados pelo som de um assovio ou palavra, que mantêm o rebanho no caminho certo. Eles normalmente seguem atrás do rebanho e usam seus latidos e movimentos arredios para manter as ovelhas se movendo na direção desejada. Bondade e misericórdia são os border collies de Deus, nos perseguindo, nos seguindo, nos guiando, nos rodeando de todos os lados, todos os dias de nossa vida.

E depois disso tudo? Depois, vamos viver uma vida com Ele, para sempre, em Sua casa. É onde Salmos 23 completa seu círculo. O pastor guiou seu rebanho pelos pastos verdejantes dos orvalhos da primavera. Conforme o verão avançou e os pastos secaram, ele os guiou por passagens nas montanhas e vales profundos para planaltos altos. Agora, conforme o inverno se aproxima, o pastor traz as ovelhas de volta, montanhas abaixo, em direção a casa, de volta às proteções preparadas para eles, sendo guiados por bondade e misericórdia.

E lá, na Casa do Senhor, vamos habitar com Ele para todo o sempre.

O Rei do Amor é meu Pastor,
E sua bondade nunca falha.
Nada me falta se eu sou Dele
E Ele é meu para sempre.

Aonde correm os rios de água viva,
Minha alma resgatada Ele conduz,
E onde crescem os pastos verdejantes,
Com alimento celestial alimenta.

Perverso e tolo muitas vezes me desviei,
E ainda assim em amor Ele me procurou,
E em Seus ombros gentilmente me acomodou,
E ao lar alegre me trouxe.

E assim por toda a duração dos dias
Tua bondade nunca falha;
Bom Pastor, que eu possa cantar Teu louvor,
Dentro de Tua casa para sempre.
— Henry Baker

❋ A totalidade de Sua graça pela totalidade de nossa vida pela duração da eternidade — é isso Salmos 23.

— Anônimo

Alfa e Ômega

A primeira e a segunda vindas de Cristo

93. Isaías 9:6

> *Porque um menino nos nasceu, um filho se nos deu; o governo está sobre os seus ombros; e o seu nome será: Maravilhoso Conselheiro, Deus Forte, Pai da Eternidade, Príncipe da Paz.*

Escrito 700 anos antes de Cristo, esse versículo encerra uma notável passagem da profecia sobre o vindouro Messias. Isaías 9 prediz que Ele viria da Galileia (v. 1), que Ele seria uma luz que resplandece e um libertador que traz alegria (v. 1-5), que viria como um menino nascido, um filho dado. Ele iria permanentemente ocupar o trono de Davi e não haveria fim para Seu reinado (v.7). Então nos é dado uma série de títulos majestosos que descrevem Seu papel. Ele seria:

O Maravilhoso Conselheiro. Algumas vezes, precisamos de um conselheiro financeiro, um conselheiro legal, um conselheiro de carreira ou até mesmo um conselheiro matrimonial. Jesus é o *Maravilhoso* Conselheiro, e podemos estudar os Evangelhos para ver como Ele infalivelmente aconselhou todos os que se aproximavam Dele. Quando se preparava para seu retorno aos céus,

Jesus disse aos Seus discípulos: "E eu rogarei ao Pai, e ele vos dará outro Consolador, a fim de que esteja para sempre convosco... o Espírito Santo" (João 14:16, 26).

O Deus Forte. Na Bíblia, características divinas são associadas a Ele, obras divinas são creditadas a Ele, adoração divina é dispensada a Ele e títulos divinos imputados a Ele. Ele é tanto Deus quanto homem.

O Pai da Eternidade. Isso não significa que Jesus é a primeira pessoa da Trindade. Jesus é Deus, mas Ele não é o Pai ou o Espírito Santo. Ele é a segunda pessoa da Trindade; e, de eternidade a eternidade, Jesus exerce cuidado paternal sobre nós como Aquele que representa perfeitamente o amor do Pai por nós.

O Príncipe da Paz. Ele possui paz infinita, que Ele compartilha com os Seus. N'Ele, temos paz com Deus, paz ao longo da vida, paz no momento de nossa morte e paz eterna no paraíso. Esses quatro títulos Lhe são dados para que possamos conhecê-Lo melhor, adorá-Lo completamente e desfrutar d'Ele como nosso Conselheiro, Deus, Pai e Príncipe.

> Deus, o Filho, é chamado de Príncipe da Paz. Ele veio ao mundo com uma canção de paz: "Paz na terra..." Ele partiu desse mundo com um legado de paz: "Deixo-vos a paz, a minha paz vos dou." A oração mais sincera de Cristo foi por paz; Ele orou que Seu povo fosse um só. Cristo não apenas orou pela paz, mas sangrou por ela: "Havendo feito a paz pelo sangue da Sua cruz." Ele morreu não apenas para trazer paz entre Deus e a humanidade, mas entre os próprios homens. Ele sofreu na cruz para que pudesse consolidar os cristãos com o seu sangue; e, assim como orou pela paz, Ele pagou pela paz.[135]
>
> — Thomas Watson, puritano do século XVII

❋ Salve o Príncipe da Paz nascido dos céus! Salve o Filho da justiça! Luz e vida a todos Ele traz, ressurreição com cura em Suas asas.

— Charles Wesley

94. Lucas 2:10

O anjo, porém, lhes disse: Não temais; eis aqui vos trago boa-nova de grande alegria, que o será para todo o povo.

Lucas 2:10-12 é o texto bíblico clássico de Natal, cantado por um coro de anjos sobre os pastos de Belém: Não temais; eis aqui vos trago boa-nova de grande alegria, que o será para todo o povo: é que hoje vos nasceu, na cidade de Davi, o Salvador, que é Cristo, o Senhor. E isto vos servirá de sinal: encontrareis uma criança envolta em faixas e deitada em manjedoura.[136] Nunca uma mensagem tão importante foi entregue com tão poucas palavras. Perceba como a mensagem progride conforme lemos o texto.

1. **Essa é uma boa-nova libertadora.** *Não temais.* A vinda de Cristo bane o medo dos corações humanos.
2. **Essa é uma boa-nova sobrenatural.** Ela foi dada por um anjo dos céus gritando: *Eis aqui voz trago...*
3. **Essa é uma boa-nova pessoal.** Eis aqui *vos* trago...
4. **Essa é uma boa-nova.** *Eis aqui vos trago boa-nova...*
5. **Essa é uma boa-nova feliz.** *Eis aqui vos trago boa-nova de grande alegria...*
6. **Essa é uma boa-nova global.** ... *que o será para todo o povo...*
7. **Essa é uma boa-nova recente.** *Hoje...*
8. **Essa é uma boa-nova sobre um nascimento.** *Hoje vos nasceu...*
9. **Essa é uma boa-nova real.** *Hoje vos nasceu, na cidade de Davi...*

10. **Essa é uma boa-nova de salvação.** *Hoje vos nasceu, na cidade de Davi, o Salvador…*
11. **Essa é uma boa-nova messiânica.** *Hoje vos nasceu, na cidade de Davi o Salvador, que é Cristo…*
12. **Essa é uma boa-nova divina.** *Hoje vos nasceu, na cidade de Davi, o Salvador, que é Cristo, o Senhor…*
13. **Essa é uma boa-nova acessível.** *E isto vos servirá de sinal: encontrareis uma criança envolta em faixas e deitada em manjedoura.*

De vez em quando, tenho a felicidade de guiar grupos pela Terra Sagrada, e um dos meus lugares favoritos é o pasto dos rebanhos, nos arredores de Belém. Como Belém é cercada por campos por todo lado, não sabemos a localização exata dos eventos narrados em Lucas 2. Mas o ponto tradicional é um campo cheio de pedras que tem o formato de uma tigela, com lados inclinados ao redor. A curva superior é repleta de cavernas, onde, de acordo com a tradição, os pastores dormiam em turnos durante as longas e frias noites. Não é difícil imaginar os anjos natalinos sobrevoando o campo. Sua mensagem foi um anúncio universal para toda a história e ainda assim foi tão pessoal: *Eis que vos trago… vos nasceu… Encontrareis uma criança…* Foi por você… você… você… que Ele veio, e por mim. Seu outro nome, Emanuel, significa "Deus conosco".

✻ Não podemos nos aproximar da manjedoura de Jesus da mesma forma que nos aproximamos do berço de outra criança. Melhor ainda, quando vamos até sua manjedoura, algo acontece, e não podemos partir a menos que sejamos julgados ou redimidos.[137]

— Dietrich Bonhoeffer

95. Lucas 2:11

É que hoje vos nasceu, na cidade de Davi, o Salvador, que é Cristo, o Senhor.

O mundo estava perfeitamente alinhado na ocasião da Primeira Vinda de nosso Senhor Jesus; Ele nasceu na plenitude dos tempos. O Messias chegou quando a nação de Israel era uma província viável no mundo político, ancorada por sua capital, Jerusalém. Judeus estavam espalhados por toda parte, por causa da Diáspora Judaica, fornecendo pontos de apoio para a pregação dos primeiros evangelizadores. A Pax Romana dava estabilidade ao mundo e as estradas desses contribuíram para a disseminação do Evangelho. O grego era falado universalmente o que ajudou a rápida expansão do cristianismo.

Agora, os eventos mundiais estão se alinhando para sua Segunda Vinda. Todos os dias, jornais avisam sobre nossa frágil economia, a globalização do comércio, a secularização da cultura, o aumento de armas nucleares no Oriente Médio, a ameaça de pandemias globais, a perseguição dos cristãos, a ascensão do Islã e a contínua propagação do Evangelho.

Líderes mundiais falam sobre uma nova ordem mundial e discutem abertamente uma moeda mundial. Por todo lado, há guerras e rumores de guerras, falsos profetas, fomes e terremotos.

A Bíblia nos diz que quando víssemos as coisas se alinhando dessa forma, devíamos erguer nossas cabeças porque nossa redenção está próxima. A mensagem de Natal não é apenas para um dia no ano. Todo dia é uma celebração da vinda de Jesus, todo dia uma antecipação de Seu retorno.

Quando Jesus veio a primeira vez, Ele foi envolto em faixas. Quando Ele vier uma segunda vez, usará as vestimentas da vitória.

Quando Ele veio a primeira vez, não havia alojamento para sua família. Quando Ele vier novamente, o mundo inteiro será Seu domínio.

Ele veio a primeira vez como Rei dos Judeus. Quando Ele voltar, será como Senhor dos senhores e o Rei dos reis.

Ele veio a primeira vez para ser crucificado. Ele virá novamente para ser glorificado.

Ele veio a primeira vez como Autor de nossa salvação. Ele retornará como Consumador de nossa fé.

Ele chegou da primeira vez com um choro de bebê. Quando Ele vier novamente, será com o rugido do Leão da Tribo de Judá.

Sua Primeira Vinda foi conhecida somente por alguns pastores, uns poucos homens sábios e alguns moradores de Belém. Quando Ele vier de novo, será como um relâmpago cortando do oriente até o ocidente, Ele virá sobre as nuvens do céu, e todo o universo ouvirá as notícias.

Quando Ele chegou a Belém, os anjos cantaram: "Glória a Deus nas maiores alturas" (Lucas 2:14). Quando Ele vier novamente, eles cantarão: "O reino do mundo se tornou de nosso Senhor e do seu Cristo, e ele reinará pelos séculos dos séculos" (Apocalipse 11:15).[138]

❋ Se nos preparamos tão bem para o Natal, e o comemoramos bem quando a data chega, acho que devemos nos preparar bem e estarmos prontos para encontrar Jesus Cristo por ocasião de Seu retorno.[139]

— Edward Osborne

96. Lucas 2:12

E isto vos servirá de sinal: encontrareis uma criança envolta em faixas e deitada em manjedoura.

Os anjos chamaram isso de sinal: "E isto vos servirá de sinal." Em outras palavras, eles estavam dizendo aos pastores como reconhecer o Salvador. Ele estaria envolto em faixas e deitado em uma manjedoura — provavelmente em uma caverna. A probabilidade de encontrarem qualquer bebê deitado no cocho de alimentação de um animal era remota. Então, achá-lo exatamente como os anjos descreveram seria um indicativo de que a mensagem era verdadeira em sua totalidade.

De acordo com o livro *The New Manners and Customs of the Bible* [As novas maneiras e costumes da Bíblia, em tradução livre], as roupas em que Jesus estava envolto eram chamadas comumente de panos de enfaixar porque eram como ataduras, enroladas firmemente em volta de um recém-nascido para manter suas pernas e braços imóveis. Isso ainda é praticado em alguns países, como eu mesmo vi em minhas viagens ao exterior. Em algumas culturas, bebês são enrolados contra o corpo, como em nações indígenas. Eu costumava pensar que isso era cruel até me lembrar de que um bebê recém-nascido costumava estar bem apertado e contido no útero também.

Mas há algo mais aqui.

É impossível pensar sobre essas palavras de Lucas 2:12 sem se lembrar do sepultamento de Cristo, quando Ele foi novamente enrolado em pedaços de panos brancos e teve seu corpo colocado em uma caverna sob os olhares atentos de anjos. Os paralelos entre Seu nascimento e Seu sepultamento são notáveis. Enrolado em faixas brancas. Em uma caverna. Descansando. Redentor. Sua mãe assistindo. Anjos sobrevoando os arredores.

E Ele não ficou em nenhuma das duas cavernas por muito tempo.

Belém e Jerusalém ficam a apenas oito quilômetros de distância e os eventos foram separados por apenas 33 anos. Mas que mistério! Quem pode compreender o Todo-Poderoso deitado em uma manjedoura, ou o Deus de toda glória em uma tumba? Como Martinho Lutero disse: "Não tenho outro Deus além de Ti; nascido em uma manjedoura, morto em uma árvore."

Adicione os versículos 13 e 14 à sua memória e você saberá para sempre o Cântico de Natal dos anjos, como registrado no Evangelho de Lucas: E, subitamente, apareceu com o anjo uma multidão da milícia celestial, louvando a Deus e dizendo: "Glória a Deus nas maiores alturas, e paz na Terra entre os homens, a quem Ele quer bem."

O Evangelho de Lucas foi escrito em grego. Mas, no meio dos anos 300 d.C., o versículo 14 foi traduzido para o latim por Santo Hilário de Poitiers, e a frase que Hilário criou se tornou famosa:

Gloria, in excelsis Deo!

Ela se tornou uma amplamente utilizada doxologia na Igreja Ortodoxa, onde os primeiros monges bizantinos supostamente a usavam como uma exclamação de louvor não apenas no Natal, mas todas as manhãs. E por que não? Todo dia

deveríamos dizer: "Este é o dia que o Senhor tem feito!" Todas as manhãs podemos verdadeiramente proclamar *Gloria, in excelsis Deo!* Glória a Deus nas alturas!

※ Ele olhou para nosso globo e viu nosso luto; nós olhamos em Sua manjedoura e vimos Sua resposta.

— Rob Morgan

97. Atos 1:11

> *E lhes disseram: Varões galileus, por que estais olhando para as alturas? Esse Jesus que dentre vós foi assunto ao céu virá do modo como o vistes subir.*

Jesus entrou e saiu deste mundo dramaticamente. Ele emergiu do útero de uma virgem e desapareceu por entre as nuvens. Enquanto os discípulos estavam vendo um relance do Paraíso, durante a ascensão do Senhor, dois anjos se dirigiram a eles com esse versículo. A meu ver, as palavras mais interessantes são "virá do modo como o vistes subir", indicando que há paralelos precisos entre Sua ascensão e Seu retorno.

1. **Seu retorno será literal.** O mesmo Jesus vai retornar, fisicamente e no mesmo corpo; Jesus disse: "Um espírito não tem carne nem ossos, como vedes que eu tenho" (Lucas 24:39).
2. **Seu retorno será visível.** Jesus foi "elevado às alturas, à vista deles". Muitas passagens nos dizem que a Segunda Vinda será um evento visível (Zacarias 12:10; Apocalipse 1:7; Marcos 14:62; Mateus 24:30).
3. **Seu retorno será nas nuvens.** A Bíblia faz questão de nos dizer que Jesus voltará em nuvens de glória. Assim como uma nuvem O recebeu em Sua ascensão, as nuvens acompanharão seu retorno (Daniel 7:13; Mateus 24:30; 26:64; 1Tessalonicenses 4:16; e Apocalipse 1:7). Essa é a razão pela qual Deus nos dá tantas belas paisagens celestes.
4. **Seu retorno será no Monte das Oliveiras.** Ele ascendeu dali e, de acordo com Zacarias 14:4, Ele vai retornar ali.

Nosso genro, Ethan, ficou afastado durante muitos meses durante seu treinamento militar. Todo mundo sentiu falta dele, claro, mas especialmente Lily, de 1 ano. Victoria manteve uma foto de Ethan por perto e disse a ela que ele voltaria algum dia. Em uma sexta-feira à noite, Katrina e eu fomos colocar Lily em seu berço por volta das 20h30. Meia hora mais tarde, Victoria chegou de Fort Lee com Ethan. Nós nos sentamos e conversamos por alguns minutos e então Victoria foi até o berço, tirou Lily de lá gentilmente e se sentou no sofá ao lado de Ethan. A garotinha, ainda mais adormecida do que outra coisa, abriu os olhos e viu seu pai. Por alguns minutos, ela olhou para ele; era possível ver as engrenagens girando em sua mente. Então Lily sorriu. Ela desviou os olhos, mas eles voltaram, e os dois sorriam e faziam brincadeiras com os olhos. Lily estendeu a mão e tocou Ethan de leve, então começou a dar tapas nele. Depois, se inclinou e se embolou contra ele. De repente, ela estava em seus braços, beijando-o com seus beijinhos molhados de boca aberta e abraçando-o. E não desgrudou dele desde então.

Não consigo deixar de imaginar se vai ser assim que vamos nos sentir quando virmos Jesus.

Ele virá da mesma forma... Por qualquer interpretação razoável, isso não pode significar nada menos que uma vinda visível e corpórea. Talvez signifique mais do que isso. Não pode significar menos.[140]

— R. A. Torrey

98. Apocalipse 21:1

Vi novo céu e nova terra, pois o primeiro céu e a primeira terra passaram, e o mar já não existe.

Os dois capítulos finais da Bíblia são um guia de viagens do Paraíso. Se você for como eu, você ama guias de viagens e folhetos. Minha mesinha de cabeceira é abarrotada com livros sobre lugares que eu gostaria de visitar e viagens que gostaria de fazer. No topo da lista, está Apocalipse 21-22, o guia definitivo de viagem. É uma descrição do Paraíso.

Muitos de nós temos uma visão nebulosa da eternidade. Nós a imaginamos como um lugar com nuvens, harpas, robes e serviços de adoração ininterruptos. Mas a Bíblia ensina que Deus vai recriar o universo e nos dar um novo planeta Terra. Esse lugar será bem parecido com onde vivemos, só que imperecível. Sem pecado ou pecadores. Sem sofrimento ou tristeza. Sem dor ou poluição. Sem lágrimas. Sem morte.

"Terra" é uma palavra nebulosa. É um lugar real com rios, árvores, campos e cidades; essa nova Terra será, sem dúvida, semelhante, só que sem os vastos desertos oceânicos. Muitas vezes, quando visitamos lugares como o Parque Nacional do Yosemite, eu penso nas palavras de uma velha canção que diz: "Quão belo deve ser o Paraíso." Aqueles que conhecem a Cristo vão usufruir das belezas do novo paraíso, da nova Terra e da nova cidade de Jerusalém para sempre. Que expectativa!

Expectativa é a mais positiva das emoções positivas. Quando crianças, ficamos empolgados sobre eventos futuros como a manhã de Natal, aniversários e viagens para a Disneylândia. Eu ainda fico muito ansioso pelas minhas viagens, lendo tudo que posso sobre o lugar que estou planejando visitar. A expectativa é tão divertida quanto o próprio evento.

Eu li sobre um estudo onde era dito a voluntários que eles haviam ganhado um jantar grátis em um fabuloso restaurante francês e então era perguntado a eles quando eles gostariam de comer lá. Naquele momento? Na mesma noite? Amanhã? O jantar estava disponível assim que quisessem, mas a maioria dos voluntários adiava o jantar por uma semana ou um pouco mais. Pesquisadores descobriram que, ao fazerem isso, os participantes não só aproveitavam o jantar, mas tinham sete dias inteiros para ansiar por ele. Como um homem disse: "Adiar o prazer é uma técnica inventiva para se obter o dobro de suco de metade da fruta."[141]

O dicionário define *expectativa* como "estado de quem espera um bem que se deseja e cuja realização se julga provável". A Bíblia chama isso de esperança. Ela é centrada na certeza, não baseada na probabilidade, e nossa maior e definitiva esperança é a vida eterna no novo céu, na nova Terra e na nova cidade.

※ A primeira Terra serve como um protótipo ou esquema para a nova Terra. Há continuidade entre a antiga e a nova. Podemos esperar novas árvores, novas flores, novas pedras, novos rios, novas montanhas e novos animais. Assim como nossos corpos atuais são o esquema para os nossos corpos ressuscitados, esta Terra é um esboço da nova.[142]

— Randy Alcorn

99. Apocalipse 21:2

Vi também a cidade santa, a nova Jerusalém, que descia do céu, da parte de Deus, ataviada como noiva adornada para o seu esposo.

No alvorecer da eternidade, o Senhor empreenderá o maior projeto de realocação da história. Ele moverá uma cidade inteira do mais alto Céu e ela irá descer para esta Terra como uma noiva percorrendo a igreja até seu noivo. Essa é a imagem que Ele usa para nos ajudar a visualizar essa grande, brilhante cidade, que vai descer em feixes de luz e se alojar em sua perfeita fundação na Terra eterna. E, enquanto isso acontece, um arauto vai fazer o grande anúncio dos versículos 3-4: "Eis o tabernáculo de Deus com os homens. Deus habitará com eles... E lhes enxugará dos olhos toda lágrima."

Apocalipse 21-22 nos leva em um tour por essa cidade celestial de Eternopólis.

1. **A cidade a distância** (Apocalipse 21:9-11). De pé, no topo de uma montanha, João assistiu enquanto essa enorme cidade cujo fulgor era semelhante a uma pedra preciosíssima descer até a nova Terra.
2. **A cidade de perto** (v. 12-14). Conforme se aproximava, ele se maravilhou com suas massivas muralhas, fundamentos e portões.
3. **O tamanho da cidade** (v. 15-17). Cerca de 2.253 quilômetros em todas as direções!
4. **A construção da cidade** (v. 18-21). Os materiais de construção incluem ouro, pedras preciosas, pérolas e cristal.

5. **O interior da cidade** (v. 22-23). João ficou impressionado com a iluminação da cidade e com a ausência de um templo.
6. **O comércio da cidade** (v. 24-27). Seus portões nunca são fechados e a produção de mercadorias da nova Terra flui para dentro e para fora deles.
7. **O centro da cidade** (v. 22:1-2). No coração da cidade, está o trono, o rio da água da vida e a Árvore da Vida.
8. **Os habitantes da cidade** (v. 3-5). Os filhos de Deus estarão lá adorando, servindo e reinando para sempre com ele.

Procurando uma cidade

- Há um rio, cujas correntes alegram a cidade de Deus (Salmos 46:4).
- Pois vou preparar-vos lugar (João 14:2).
- Porque [Abraão] aguardava a cidade que tem fundamentos, da qual Deus é o arquiteto e edificador (Hebreus 11:10).
- Deus não se envergonha deles, de ser chamado o seu Deus, porquanto lhes preparou uma cidade (Hebreus 11:16).
- Mas tendes chegado ao monte Sião e à cidade do Deus vivo, a Jerusalém celestial (Hebreus 12:22).
- Na verdade, não temos aqui cidade permanente, mas buscamos a que há de vir (Hebreus 13:14).
- A cidade é de ouro puro, semelhante a vidro límpido (Apocalipse 21:18).

❋ Conforme João assiste... uma cidade inteira, magnificente em sua glória, descende do Paraíso e se torna parte da nova Terra. Terra e Céu são agora uma coisa só. O reino dos Céus moveu sua capital para a nova Terra.[143]

— John MacArthur

100. Apocalipse 22:20

> *Aquele que dá testemunho destas coisas diz: Certamente, venho sem demora. Amém! Vem, Senhor Jesus!*

Essa é a última promessa e a oração final da Bíblia. Também é a última das "letras vermelhas" no Novo Testamento, finalizando as palavras ditas por Jesus nas Escrituras. Jesus é aquele que "dá testemunho destas coisas", e que promete: "Certamente, venho sem demora." A expressão *dá testemunho* é usada com o sentido de *declarar* ou *proclamar*; e a frase "destas coisas" engloba todo o livro de Apocalipse.

Três vezes nesse capítulo, Jesus no diz que Ele vem sem demora — nos versículos 7, 12 e 20. É um cordão trançado três vezes: *Eis que venho sem demora. Bem-aventurado aquele que guarda as palavras da profecia deste livro... E eis que venho sem demora, e comigo está o galardão que tenho para retribuir a cada um segundo as suas obras... Certamente, venho sem demora.*

A resposta imediata de João no versículo 20 foi: "Amém." Essa é uma expressão de concordância, significa "assim seja". Então João ofereceu a oração conclusiva da Bíblia: "Vem, Senhor Jesus!" Isso é o equivalente ao termo aramaico *Maranata*. É uma oração para repetirmos frequentemente. Que tragédia que os cristãos tão raramente orem especificamente pelo retorno do Senhor. Vamos começar a incluir *Maranata* em nossos vocabulários de oração.

Pense na empolgação de saber que Jesus está voltando a qualquer momento!

Nos mais sombrios dias da Reforma na Escócia, quando os corações dos fiéis estavam fracos e definhando, John Knox aceitou o convite de voltar à sua terra natal. Deixando Genebra, ele corajosamente retornou até a Escócia. De acordo com o livro de A. J. Gordon, *Ecce Venit*, quando Knox chegou, a notícia se espalhou pela Escócia como um relâmpago: "Knox está de volta." Mensageiros rapidamente montaram e correram com a notícia: "John Knox chegou." Os moradores se amontoavam nas portas das casas, enquanto cavaleiro após cavaleiro gritava: "Knox chegou." Navios partindo do porto se aproximavam uns dos outros para compartilhar a notícia. Pastores ouviram a novidade enquanto vigiavam seus rebanhos nas colinas. Todo o lugar se comoveu; o país inteiro se agitou com uma nova inspiração e os corações dos inimigos definharam.[144]

Se a chegada de um mero homem pôde eletrificar uma nação, pense em como vamos nos sentir quando o Senhor aparecer entre as nuvens a qualquer momento e nos chamar para o Lar.

Maranata! Todavia, vem, Senhor Jesus!

Apocalipse 22

- A última beatitude da Bíblia (v. 14)
- O último convite da Bíblia (v. 17)
- O último aviso da Bíblia (v. 18-19)
- As últimas palavras de Jesus (v. 20)
- A última promessa (v. 20)
- A última oração (v. 20)
- A última bênção (v. 21)

✻ A promessa (nesse versículo) é o ápice de todas as promessas; e a resposta é a soma de todas as esperanças vivas.[145]

— Comentário em *The New Bible*

Outros versículos transformadores que eu pretendo memorizar

Apêndice: Como memorizar

— William Evans

Anos atrás Ruth Bell Graham, citando conselhos de C. S. Lewis, me disse que eu devia ler livros antigos. "Para cada livro recente que você lê", me lembro de ouvi-la dizer, "você deveria ler um antigo. Os livros antigos são os melhores. As pessoas tinham tempo de pensar sobre o que estavam escrevendo naquela época." Um bom autor para começar é o prolífico William Evans, um educador da Bíblia nascido na Inglaterra que teve conexões com o Instituto Bíblico Moody, de Chicago, e o Instituto Bíblico de Los Angeles (BIOLA, na sigla em inglês). Seu ministério abrangeu a primeira metade do século XX, e ele era conhecido por seu ministério de conferências bíblicas. Estou em débito com meu amigo Lee Cope de Jackson, Mississippi, por me dar um exemplar do livro clássico de Evans sobre memorização das Escrituras, *How to Memorize* [Como memorizar, em tradução livre], publicado pela Associação Institucional Bíblica de Colportagem de Chicago em 1909. Como ele já está esgotado há muito tempo, estou incluindo essa versão condensada como um apêndice em meu próprio livro.

Capítulo 1: A importância de se ter uma boa memória

De que adianta toda nossa sabedoria, leitura e estudos se não formos capazes de preservar o conhecimento que adquirimos?

A memória enriquece a mente por preservar os resultados de nossos estudos e aprendizados. É a base para todo o conhecimento e o tesouro da mente.

Capítulo 2: A necessidade de cultivar a memória

A incapacidade de se lembrar de um pensamento ou passagem quando precisa tem sido fonte de desconforto para muitos estudantes. Quantas vezes, por outro lado, a capacidade de recordar a passagem desejada tem sido um meio de fortalecer o argumento e de fazer com que nosso valor e daqueles com quem lidamos e entre os quais trabalhamos aumente.

Outro dia, chegou uma carta de um pregador de Michigan falando sobre o valor de sabermos as Escrituras de cor. Um infiel em sua cidade tinha sido capaz de discutir de forma bem-sucedida com todos os pregadores do lugar. Ele se gabava do fato de tê-los derrotado em seus próprios argumentos e que eles haviam falhado em convencê-lo da verdade da Bíblia. Por fim, entretanto, ele encontrou um oponente à altura. Era um jovem estudante que sabia muito da Bíblia de cor e havia sido ensinado sobre o valor da memorização. O infiel por fim disse: "Aquele rapaz parece conhecer cada página da Bíblia. Ele citou as Escrituras para combater cada objeção que eu fiz. Estou convencido de que estava errado e agora acredito no que antes duvidava. Além disso, eu vou pedir que ele me ensine mais sobre a Bíblia."

Jesus quebrou a lança do tentador dizendo: "Está escrito..." Ele confundiu Seus inimigos muito mais pelo uso rápido de suas próprias Escrituras do que por Seus milagres surpreendentes.

Capítulo 3: As possibilidades da memória

A memória pode ser treinada. Não há necessidade de esquecimento constante. É possível adquirir conhecimento, aprender nomes e identificar rostos de modo a poder recordá-los quando quiser. Quão satisfeitas as pessoas ficam quando nos lembramos delas. Não há nenhuma necessidade de nos esquecermos do que aprendemos, desde que tenhamos aprendido da maneira correta. Não há limites para a capacidade da memória. Ninguém jamais aprendeu tanto que não pudesse aprender mais. A história fornece relatos maravilhosos de conquistas da memória. Muretus, o professor francês do século XVI, relata que teve um pupilo, um jovem córsego, que podia repetir em ordem e de trás para a frente até 36 mil palavras sem conexão entre si depois de ouvi-las uma única vez. Dizem que o dr. Johnson nunca se esquecia de nada que tinha visto, ouvido ou lido. Ciro II é conhecido por saber o nome de cada soldado do seu exército. Tertuliano, o grande pai da igreja, dedicava dias e noites a memorizar as Escrituras, e sabia muitos textos de cor tão fielmente que conhecia sua pontuação. Para mostrar as possibilidades do treinamento de memória em idade avançada, eu me refiro a um editor de Nova York que diz que agora, aos 74 anos, começou um sistema de memorização de Escrituras. Em pouco tempo, ele era capaz de repetir uma parte considerável do Novo Testamento. A idade não é uma barreira para o sucesso em treinar a memória.

Capítulo 4: O que é a memória?

Memória é nosso poder natural de reter o que aprendemos e recuperar essas informações quando quisermos. É uma faculdade distinta da mente, diferente de percepção, julgamento e razão. Uma boa memória tem três qualidades: (1) o poder de receber com relativa facilidade as palavras e frases a serem aprendidas; (2) o poder de armazená-las e retê-las na mente por um período de tempo indefinido; e (3) a confiabilidade de relembrar nos momentos apropriados as palavras aprendidas.

Memórias ruins ou fracas podem ser superadas através de fortalecimento e treinamento.

Capítulo 5: Sugestões preliminares para o treinamento da memória

1. Cada sugestão deve ser seguida à risca.
2. Precisa haver prática *diária* para garantir a maior quantidade possível de benefícios. Separe, se possível, a mesma hora e o mesmo lugar todos os dias. As manhãs são uma melhor opção.
3. Fique satisfeito no início por conseguir dominar *um pouco* por dia. Muitas pessoas falham no treinamento de memória por tentarem abarcar muito de uma vez só. Palavra por palavra, linha por linha, preceito por preceito — faça disso sua regra.
4. Tenha *satisfação* em seus estudos. Faça a si mesmo acreditar que você gosta disso, seja verdade ou não. Aprendemos mais facilmente quando nos divertimos. Tire proveito de seu trabalho e pode esperar grandes resultados.
5. Aprenda suas lições com a intenção de lembrar-se delas *para sempre*. Muitos estudantes aprendem algo meramente para recitarem em classe ou usarem em provas. Nunca se apresse para uma ocasião, mas aprenda para sempre.
6. Lembre-se de que o objetivo não é o acúmulo de uma massa de material memorizado, mas construir, fortalecer e treinar a memória para fazer seu trabalho.
7. Garanta que não vá passar para o segundo versículo até ter *dominado completamente* o primeiro.

Capítulo 6: Atenção ou fixidez de pensamento

Uma memória fraca tem origem na desatenção. O segredo de uma boa memória é nosso interesse e atenção a um assunto, já que raramente esquecemos coisas que impressionam fortemente nossas mentes. *Atenção* é o direcionamento dos nossos poderes mentais a um objeto específico em exclusão de todos os outros objetos. Significa fixar a mente em uma tarefa específica. É o poder da concentração mental. A habilidade de fixar nosso pensamento no que desejamos memorizar é o primeiro princípio essencial no treinamento de uma boa memória. Fixar o pensamento, fixar a atenção e não permitir que a mente se desvie do assunto, determinar que a mente se debruce sobre o assunto em consideração de tal forma que exclua qualquer pensamento intruso — isso é tornar a memorização possível, interessante e prazerosa. Não se pode esperar uma boa memória até que esse poder de atenção seja alcançado. Se sua mente vagar, traga-a de volta de novo e de novo e de novo. Treine-a. Pratique ler longos trechos de Milton, Shakespeare ou Emerson sem deixar seus pensamentos saírem do foco. A mente humana é uma ótima armadilha; cure-a de sua oscilação mantendo-a em casa. A história nos conta que o poder de concentração de um escritor da época da Revolução Francesa era tão grande, que, embora as pessoas estivessem sendo massacradas bem embaixo da janela da sala onde ele estava escrevendo um livro, ele ficava tão absorvido em seu trabalho que não sabia de nada que estava acontecendo do lado de fora até que lhe fosse contado depois.

Capítulo 7: Uma concepção clara do assunto a ser memorizado

Você precisa ter uma concepção clara daquilo que deseja memorizar. Nada menos do que uma compreensão clara e definitiva do assunto será suficiente. Certifique-se de compreendê-lo. É um erro grave achar que as *palavras* são as únicas coisas a serem memorizadas. Precisamos obter uma concepção clara do pensamento contido nas palavras. Converta o texto para uma imagem mental e desenvolva uma memória visual. Por exemplo, ao memorizar Salmos 15, devemos lê-lo com atenção, observando o tema do salmo, que é a pessoa considerada digna de habitar no templo de Deus. Forme uma imagem mental da pessoa — o que ele é, o que faz, o que não faz. Deixe seu olho mental conhecê-lo. Ouça como ele fala. Tendo estudado a passagem e criado sua imagem mental, você pode então prosseguir para memorizar as palavras do salmo. Essa agora vai ser uma tarefa muito mais fácil. A maior parte do texto foi aprendida por meio do ato de transformar palavras em imagens. Essa habilidade de visualização é essencial para uma boa memória. Também é vital ler a passagem em voz alta. Vá a céu aberto, entre as árvores, em campos e repita. Cada repetição fortalece a impressão feita em sua memória. Evite memorizar em silêncio. Se você não tiver privacidade, mova os lábios e controle a respiração como se sussurrasse; mas memorize com a boca.

Capítulo 8: Analisando o que deseja memorizar

É um erro tentar memorizar qualquer coisa que não tenha sido analisada. Simplesmente repetir o assunto a ser aprendido várias e várias vezes, sem nenhuma referência de análise dele é praticamente uma perda de tempo no que diz respeito ao trabalho de memória eficaz. A melhor maneira de prosseguir é organizar o assunto para ser aprendido analiticamente e de forma sintética. Separe-o em pedaços e depois o remonte. Por meio desse processo, você vai ter praticamente aprendido o que selecionou com quase nenhum esforço de memorização. Para memorizar João 3:16, por exemplo, encontre a menor oração no versículo: *Deus amou*. Anote isso. Escreva de novo acrescentando a próxima palavra. Escreva de novo apresentando a outra palavra da ordem, e assim adicione uma palavra após a outra até ter analisado todo o versículo. A essa altura, você terá praticamente o memorizado. Não se esqueça de escrever as palavras; não é suficiente apenas repeti-las em voz alta. Escreva-as. ESCREVA. **ESCREVA.**

Capítulo 9: Associação sugestiva

Tudo o que foi percebido ou concebido em conexão com algum outro objeto ou pensamento é posteriormente sugestivo do outro. Associação sugestiva é conectar um pensamento que é remoto ou abstrato com outros mais óbvios ou familiares. Ao memorizar um novo assunto, portanto, você precisa conectá-lo com um pensamento que você já tenha em mente. Desenvolva e use mnemônicos. Salmos 37 e 73, por exemplo, são simplesmente algarismos reversos e os dois textos lidam com a questão da prosperidade do iníquo. Mateus 20:28 e Atos 20:28 têm a mesma referência e ambos falam sobre ser resgatado ou comprado pelo sangue de Cristo.

Capítulo 10: O poder de relembrar o que aprendeu

Relembrar é diferente de revisar. Relembrar é um ato de pura memória, revisar é feito com o uso do texto. Relembrar deve ser absolutamente apenas de memória. Revise durante seu período de estudos, mas procure relembrar com frequência.

Capítulo 11: A prática constante de revisar

O passar do tempo fortalece a memória. Revise diariamente. Suponha que você determine que irá aprender três versículos por dia. Tendo alcançado sua determinação, reveja as informações recém-adquiridas no mesmo dia. Com cada nova lição diária, não se esqueça de revisar a lição ou as lições anteriores. Continue fazendo isso por um mês. Então gaste um dia apenas revisando.

Depois de três meses, passe uma semana revisando. Conforme progride julgue por si mesmo quanto tempo será necessário para a revisão. Para revisar, faça cartões de tamanho uniforme. Em um lado do papel, escreva a referência, no outro, o texto completo. Revise primeiro um lado e depois o outro para que possa aprender tanto a referência quanto o versículo. Se, depois de acumular muitas passagens, você achar impossível revisar cada cartão, pegue cartões aleatórios e os revise. Enquanto revisa um versículo em particular, note quais referências cruzadas que você possa memorizar e associar com aquele versículo. Você pode aprender o conteúdo geral de livros inteiros designando títulos de uma ou duas palavras para cada capítulo, usando associação de palavras e então dominando a lista.

NOTAS

1. James Allen, *O homem é aquilo que ele pensa* (São Paulo: Editora Pensamento, 2016).
2. *Ibid.*
3. Entrevista do autor com dr. Dallas Willard, usada com permissão. As citações de Willard são trechos de uma entrevista mais longa que figurou no meu livro, *Nelson's Annual Preacher's Sourcebook: 2008* (Nashville: Thomas Nelson, 2007), 59–61.
4. Baseado em conversas pelo telefone com Philip Turner e usada com sua permissão.
5. Martin E. P. Seligman, *Aprenda a ser otimista* (Rio de Janeiro: Objetiva, 2019).
6. Howard e Phyllis Rutledge com Mel e Lyla White, *In the Presence of Mine Enemies* (Old Tappan, NJ: Fleming H. Revell, 1973), trechos retirados do capítulo 5.
7. Em sua próxima visita à Europa, não fique procurando pelos jardins de Hans Hugenberg; este é apenas um relato fictício que escrevi para descrever o trabalho que o Mestre Jardineiro deseja fazer em nossas mentes.
8. Francis Cosgrove, "The Value of Scripture Memory", em *Discipleship Journal,* Edição 9 (1982), 39.
9. Billy Graham, *Como nascer de novo* (Curitiba: Editora Betânia, 2023).
10. Como citado em *The Biblical Expositor*, ed. Carl F. H. Henry (Filadélfia: A. J. Holman Company, 1960, 1973), xxiv.
11. Dan Martin, "Pastor, Wife Share Story of Their Daughter's Murder", *Baptist Press* (15 de outubro de 1998), 4.
12. Darlene Deibler Rose, *Evidence Not Seen: One Woman's Faith in a Japanese P.O.W. Camp* (Carlisle, UK: O. M. Publishing, 1988), 129–30.
13. L. Anderson, J. W. Hayford, e B. Patterson, *Who's in Charge? Standing Up to Leadership Pressures* (Sisters, OR: Multnomah Books, 1993), capítulo 3.
14. John Crawford, "An Anchor for Your Heart", em *Discipleship Journal,* Edição 9 (1982), 40.
15. Baseado em conversas com Betty Ruth Barrows Seera. Eu também relato esse caso no meu livro, *The Promise* (Nashville: B&H Publishing Group, 2008), 112–13.

16. O relato sobre Samuel Wesley Jr. pode ser encontrado em *Samuel Wesley Junior* (Orangeburg, SC: Foundery Press, 1991), de Allan Longworth, 3–4. O hino pode ser encontrado em vários hinários on-line.
17. Citado em *The Hand of God: Thoughts and Images Reflecting the Spirit of the Universe*, de Michael Reagan (Filadélfia e Londres: Templeton Foundation Press, 1999), 158.
18. J. B. T. Marsh, *Story of the Jubilee Singers, with Their Songs* (Nova York: S. W. Green's Sons, 1883), 109–10.
19. J. I. Packer, *O conhecimento de Deus* (São Paulo: Editora Cultura Cristã, 2016).
20. *Ibid.*
21. Samuel D. Gordon, *Quiet Talks about Jesus* (Nova York: A. C. Armstrong & Son, 1906), 13.
22. João 3:16 é a Bíblia em miniatura e o evangelho resumido em poucas palavras. Mas muitos de nós memorizamos João 3:16 em versões mais antigas da Bíblia [em inglês] que dizia "only begotten son" [filho unigênito]. Traduções mais modernas [em inglês] dizem: "His one-and-only Son" [seu primeiro e único filho]. Por que a mudança?

    A palavra em grego é *monogenas* (mon'-o-ga-nase'). O prefixo *mono* significa "um" ou "único". A palavra *genas* significa "raça, família, classe, tipo ou de mesma natureza". *Monogenas* significa na verdade "o único de seu tipo". Quando o Novo Testamento começou a ser traduzido para o latim nos tempos antigos, as primeiras versões produzidas usaram a palavra em latim *unicus*, que significa "único" ou "singular", e, sendo assim, foi traduzida para a palavra em inglês *unique.* Mas o grande pesquisador, Jerônimo, fez uma mudança crítica. Talvez ele tenha sido influenciado pelos debates teológicos de seu tempo, ou talvez ele não entendesse completamente o significado da palavra em grego. Qualquer que seja o motivo, quando criou sua famosa tradução em latim, a Vulgata, ele não usou o termo constante nas primeiras traduções latinas, *unicus.* Ele usou a palavra *unigenitus*, que significa [em inglês] "only begotten" [em português, "unigênito"].

    A tradução de Jerônimo se tornou a Bíblia de uso-padrão por mil anos e levou a muitas das primeiras traduções da Bíblia em inglês [e, por fim, em português]. Hoje, pesquisadores concordam amplamente que a palavra *monogenes* significa "único, único de seu tipo, primeiro e único". Jesus é totalmente único na história humana e nas crônicas do tempo. Ele existiu antes do início do mundo e ainda assim nasceu sob os céus judaicos nos dias de Herodes, o Grande. Ele é, em sua própria natureza, Deus, e ainda assim ele deslizou para a humanidade feito uma mão desliza dentro de uma luva. Ele é o Filho do Altíssimo e ainda assim Filho de uma virgem judia. Ele é adorado pelos anjos e ainda assim foi crucificado entre ladrões. Ele foi vilipendiado pelo mundo, mas deificado pelo Pai. Ele é moralmente perfeito, ainda assim ele se transformou em pecado por nós. Ele é um Homem de sofrimentos, mas produz alegria para todo o universo. Ele é a demonstração definitiva de amor, porque Deus amou ao mundo de tal maneira que deu o seu Filho unigênito, para que todo o que nele crê não pereça, mas tenha a vida eterna.

23. V. Raymond Edman, *But God* (Grand Rapids: Zondervan, 1962), 102.
24. Bill Hybels e Mark Mittelberg, *Cristão contagiante* (São Paulo: Editora Vida, 2021).
25. V. Raymond Edman, *But God* (Grand Rapids: Zondervan, 1962), 13.
26. J. Sidlow Baxter, *Awake, My Heart* (Grand Rapids: Zondervan, 1960), 103.
27. Joan Minninger, *Total Recall* (Emmaus, PA: Rodale Press, 1984), 3.
28. Hyman J. Appelman, *When the World Is on Fire* (Grand Rapids: Zondervan, 1962), do capítulo 3, "All Out for Jesus Christ".
29. Essa história é narrada por Leslie B. Flynn no seu livro, *Your Inner You* (Wheaton, IL: Victor Books, 1984), 60.
30. A. B. Kendall, "Confessing and Denying Christ", em *The Herald of Gospel Liberty* (17 de julho de 1919), 20.
31. René Pache, *The Inspiration and Authority of the Scripture* (Chicago: Moody Press, 1969), 45.
32. Arthur Flake, *Life at Eighty as I See It* (Nashville: Broadman Press, 1944), 97.
33. A definição de *meditação* como "memorizar, visualizar e personalizar" e de *sabedoria* como "enxergar a vida do ponto de vista de Deus" são coisas de que me lembro de um seminário de Bill Gothard do qual participei em 1971. Essas são frases que me lembro de ouvir Gothard usar.
34. "A Primer on Meditation" é um panfleto de nove páginas publicado pelos Navigators. Nenhum autor ou data é citado. As citações são das páginas 2, 4 e 5.
35. J. C. Ryle, *Five Christian Leaders of the 18th Century* (Guilford & London: Banner of Truth, 1960), 53.
36. "Start Young... Give Small Doses", *Family Life Today* (janeiro de 1975), 4.
37. Amy Carmichael, *Edges of His Ways* (Fort Washington, PA: Christian Literature Crusade, 1998), 41.
38. Arthur T. Pierson, *Many Infallible Proofs, Volume Two* (Grand Rapids: Zondervan, 2009), 111.
39. Citado por Paul Lee Tan, *Encyclopedia of 7700 Illustrations* (Rockville, MD: Assurance Publishers, 1979), 511.
40. Amy Carmichael, *Edges of His Ways* (Fort Washington, PA: Christian Literature Crusade, 1998), 61.

41. S. D. Gordon, *Quiet Talks on Prayer* (Fleming H. Revell, 2010), 177, 182.
42. Samuel Rutherford, *Letters of Samuel Rutherford* (Edinburgh: Oliphant, Anderson, e Ferrier, 1891), 385.
43. *Converted and Called* (Nashville: The Gideons International), 101–2.
44. Herbert Lockyer, *All the Doctrines of the Bible* (Grand Rapids: Zondervan, 1964), 204.
45. Eric Betz, "He Found Inner Peace" (enviado por Jack Aynejian), *The Gideon* (março de 2005), 3.
46. Thomas Chalmers, *Sermons by the Late Thomas Chalmers* (Nova York: Harper & Brothers, 1849), 43.
47. Randy Alcorn, *Heaven* (Wheaton: Tyndale House, 2004), 322.
48. Citado com autorização. Eu já havia narrado essa história em meu livro, *He Shall Be Called* (Nova York: Warner Faith, 2005), 44.
49. Citado por Al Bryant em *Climbing the Heights* (Grand Rapids: Zondervan, 1956), 21.
50. Salomão Ginsburg, *Um judeu errante no Brasil* (Rio de Janeiro: Convenção Batista Brasileira, 1970).
51. J. Sidlow Baxter, *The Master Theme of the Bible* (Wheaton, IL: Tyndale House Publishers, 1985), 180.
52. John MacArthur, *1 Corinthians* (Chicago: Moody Press, 1984), 398.
53. De vários perfis midiáticos.
54. Vernon Whaley, *The Dynamics of Corporate Worship* (Grand Rapids: Baker, 2001), 60.
55. James C. Whittaker, *We Thought We Heard the Angels Sing* (Nova York: E. P. Dutton, 1943), 64.
56. Rosalind Goforth, *How I Know God Answers Prayer,* 1921.
57. Do sermão de Charles Spurgeon, "A Present Religion", 30 de maio de 1858.
58. Esses pensamentos devocionais foram adaptados do livro do autor, *The Promise: How God Works All Things Together for Good* (Nashville: B&H Publishing Group, 2008).
59. Charles Haddon Spurgeon, *Beside Still Waters,* Roy H. Clark, ed. (Nashville: Thomas Nelson, 1999), 243.
60. John A. Broadus, "All Things Work Together for Good", em *Christian Herald,* vol. 21, nº 35 (28 de agosto de 1890).
61. Warren W. Wiersbe, *With the Word* (Nashville: Thomas Nelson, 1991), 517.
62. Bill Bright, *Discover the Book God Wrote* (Carol Stream, IL: Tyndale House, 2004), 177.
63. Virginia Law, *Appointment Congo* (Chicago: Rand McNally, 1966), 20–21.
64. "Ford Left Lasting Impressions on Colleagues in Michigan", em *The Michigan Daily,* 13 de dezembro de 2006, em http://www.michigandaily.com/content/

ford-left-lasting-impressions-colleagues-michigan, acesso em 27 de dezembro de 2006.

65. Hannah Hurnard, *Pés como os da corça nos lugares altos* (Guarulhos, SP: Editora Vida, 1989).
66. Mencionado em meus arquivos. Fonte da citação desconhecida.
67. Citado por James Gilchrist Lawson em *Deeper Experiences of Famous Christians* (Anderson, IN: Warner Press, 1911), 190.
68. Para a história completa por trás desse hino, confira meu livro, *Then Sings My Soul* (Nashville: Thomas Nelson, 2004), 11.
69. Adaptado do livro de George Müller, *Answers to Prayer from George Müller's Narratives,* organizado por A. E. C. Brooks (Chicago: Moody Press, 2007), 37–39. Como um detalhe adicional, esse pequeno grupo de oração começou ao mesmo tempo — na mesma semana — que um grupo de oração na Fulton Street, na cidade de Nova York, que levou a um avivamento similar nos Estados Unidos, conhecido como o Avivamento da Fulton Street — mas essa é outra história.
70. Wesley Duewel, *Fogo do avivamento: O avivamento de Deus através da história e sua aplicação para hoje* (São Paulo: Editora Hagnos, 2019).
71. Adaptado de diversas fontes, incluindo James e Marti Hefley, em *By Their Blood* (Grand Rapids: Baker Book House), 586–87.
72. Adaptado de Corrie Ten Boom, em *Clippings from My Notebook* (Nashville: Thomas Nelson, 1982), 53–55.
73. Henry T. Blackaby e Richard Blackaby, *Experiencing God Day by Day* (Nashville: B&H Publishing Group, 2006), 279.
74. Clayborne Carson, *A autobiografia de Martin Luther King* (Rio de Janeiro: Zahar, 2014).
75. James Montgomery Boice, *O Evangelho da Graça* (São Paulo: Cultura Cristã, 2019).
76. As citações nesse devocional foram tiradas de *O zelo cristão*, de J. C. Ryle, (Goiás: Legado Reformado, 2022) e foram resumidas e levemente atualizadas e editadas.
77. Das anotações dos meus arquivos, fonte da citação desconhecida.
78. Richard Wurmbrand, *Tortured for Christ* (Bartlesville, OK: Living Sacrifice Book Company, 1967), 45.
79. Charles Haddon Spurgeon, *John Ploughman's Talks* (Nova York: Sheldon & Company), 139.
80. Vance Havner, *In Times Like These* (Old Tappan, NJ: Fleming H. Revell, 1969), 73.
81. A. W. Tozer, *O que aconteceu com a adoração?* (Editora Faz Chover, 2014).

82. Vance Havner, *The Secret of Christian Joy* (Old Tappan, Nova Jersey, 1938), 40.
83. Adaptado de "A Father's Influence," por Robert Webber, em *What My Parents Did Right,* reunido e editado por Gloria Gaither (Nashville: Star Song Publishing Group, 1991), 207–8.
84. Joseph Parker, *Joseph Parker's People's Bible*, vol. 13: Proverbs (Nova York: Funk & Wagnalls, 1891), 197.
85. René Pache, *The Person and Work of the Holy Spirit* (Chicago: Moody Press, 1979, edição brochura), 119.
86. Andrew Murray, *Humility and Absolute Surrender* (Peabody, MA: Hendrickson Christian Classics, 2005), 27.
87. Citado por Warren W. Wiersbe, em *With the Word Bible Commentary* (Nashville: Thomas Nelson, 1991), comentários sobre Gálatas 5.
88. F. B. Boreham, *Shadows on the Wall* (Nova York: Abingdon Press, 1922), 68–70.
89. Al Bryant, comp., *Climbing the Heights* (Grand Rapids: Zondervan, 1956), 231.
90. William Dobbie, *A Very Present Help* (Chicago: Moody Press, 1945), 11.
91. E. A. Johnston, *J. Sidlow Baxter: A Heart Awake* (Grand Rapids: Baker Books, 2005), 124–26.
92. Ruth Bell Graham, *It's My Turn* (Old Tappan, NJ: Fleming H. Revell Company, 1982), 136–37.
93. John R. Rice, *God's Cure for Anxious Care* (Murfreesboro, TN: Sword of the Lord Publishers, 1973), 12–13.
94. Martyn Lloyd-Jones, *Depressão espiritual: suas causas e cura* (Editora PES, 2017).
95. I. D. E. Thomas, comp., *A Puritan Golden Treasury* (Carlisle, PA: Banner of Truth, 2000), 206.
96. Joy Ridderhof, *Are You Rejoicing?* (Los Angeles: Gospel Recordings, 1984), anotação para o dia 18.
97. William Gresley, *Sermons Preached at Brighton* (Londres: Joseph Masters, 1853), 195.
98. O trecho é do sermão de Charles Haddon Spurgeon, "All Joy in All Trials", pregado em 4 de fevereiro de 1883. Eu fiz pequenas mudanças editoriais para condensar e atualizar a citação.
99. J. I. Packer, *O conhecimento de Deus* (São Paulo: Editora Cultura Cristã, 2016).
100. Joseph Parker, *The People's Bible: Vol. XIII, the Proverbs* (Nova York: Funk & Wagnalls, 1891), 317.
101. Clarence W. Hall, *Samuel Logan Brengle: Portrait of a Prophet* (Atlanta: The Salvation Army Supplies and Purchasing Dept., 1933), 247.

102. Hannah Whitall Smith, *Living in the Sunshine* (Nova York: Fleming H. Revell, 1906), 160–61, 163.
103. Alexander Maclaren, *Expositions of Holy Scripture,* em seu sermão sobre esse versículo.
104. John R. Rice, comp., *The Best of Billy Sunday* (Murfreesboro, TN: Sword of the Lord, 1965), 240.
105. Andrew Murray, *Com Cristo na escola de oração* (Colombo, PR: Publicações Pão Diário, 2019).
106. *Ibid.*
107. Essa sinopse e esses trechos são do dr. Robert A. Emmons, em seu livro, *Thanks! How Practicing Gratitude Can Make You Happier* (Boston: Houghton Mifflin Company, 2008), do capítulo 1: "The New Science of Gratitude".
108. Em uma conversa pessoal com o autor.
109. Adaptado do livro do autor, *From This Verse* (Nashville: Thomas Nelson, 1998), anotação de 8 de novembro. Spurgeon contou essa história em seu sermão "All of Grace".
110. *Ibid.*
111. Adaptado do livro do autor, *From This Verse* (Nashville: Thomas Nelson, 1998), anotação de 9 de novembro.
112. I. D. E. Thomas, org., *A Puritan Golden Treasury* (Carlisle, PA: Banner of Truth, 2000), 121.
113. Paul Maier no prefácio de *How Christianity Changed the World*, de Alvin J. Schmidt (Grand Rapids: Zondervan Publishing House, 2001, 2004), 8–9.
114. Do sermão de Martinho Lutero baseado em Gálatas 4:1–7.
115. Em algumas versões da Bíblia, incluindo a Almeida Revisada e Atualizada que usamos nesta edição, o trecho "Estou crucificado com Cristo" se encontra no versículo 19.
116. Parte do material para Gálatas 2:20 já apareceu antes no livro do autor, *My All in All* (Nashville: B&H Publishing Group, 2008), fascículo de 25 de abril.
117. *Bible Knowledge Commentary/New Testament,* editado por John F. Walvoord e Roy B. Zuck (Colorado Springs: Victor, 2000), 682.
118. Frederick W. Robertson, *Sermons Preached at Brighton* (Nova York: Harper & Brothers, 1899), 529.
119. J. I. Packer, *O conhecimento de Deus* (São Paulo: Editora Cultura Cristã, 2016).
120. Os pensamentos dessa página foram adaptados do livro do autor, *My All in All* (Nashville: B&H Publishing Group, 2008), anotações de 21 de julho e 25 de outubro.

121. Essa citação é frequentemente atribuída à Madre Teresa, mas eu não sei qual é sua fonte original.
122. Hyman Appelman, *When the World is on Fire* (Grand Rapids: Zondervan, 1962), do capítulo 3, "All Out for Jesus Christ".
123. Martinho Lutero, *Martinho Lutero: Comentário a romanos e catecismo menor* (Porto Alegre, RS: Editora Concórdia, 2021).
124. Dana Thompson em entrevistas com Rob Morgan e Sherry Anderson, 21 e 22 de setembro de 2009, usado com permissão.
125. Citado no livro de Spurgeon, *Treasury of David,* nos comentários sobre Salmos 56 (Peabody, MA: Hendrickson Pub, 1988).
126. Em *Treasury of David,* comentário sobre Salmos 4:8.
127. Charles Henry Mackintosh, *Estudos sobre o livro de Êxodo (Série de Notas sobre o Pentateuco 2)* (São Paulo: Associação Boa Semente, 2020).
128. David Livingstone, *Missionary Travels and Researches in South Africa* (Nova York: Harper & Brothers, 1872), 626.
129. Rosalind Goforth, *How I Know God Answers Prayer: The Personal Testimony of One Lifetime,* publicado em 1921.
130. A. W. Tozer, *A Treasury of A. W. Tozer* (Grand Rapids: Baker, 1980), 58.
131. *Ibid.*, 57.
132. J. Wilbur Chapman, *The Secret of a Happy Day* (Grand Rapids: Baker Book House, 1979, baseado em uma edição de 1899), ix.
133. William Evans, *The Shepherd Psalm* (Chicago: The Bible Institute Colportage Association, 1921), 27.
134. F. B. Meyer, *The Shepherd Psalm* (New Canaan, CT: Keats Publishing, 1984), 149.
135. Thomas Watson, *Gleanings from Thomas Watson* (Morgan, PA: Soli Deo Gloria Publications, 1995), 86.
136. Não sabemos se essa mensagem foi falada, cantada ou as duas coisas, mas se consagrou pensar nela como se os anjos a tivessem cantado.
137. Dietrich Bonhoeffer, *I Want to Live These Days with You: A Year of Daily Devotions* (Louisville, KY: Westminster John Knox Press, 2007), 375.
138. Essa composição é minha, mas é baseada em textos similares que ouvi ou li no decorrer dos anos.
139. Edward Osborne, *The Children's Savior* (Londres: Rivingtons Waterloo Place, 1882), 4.
140. R. A. Torrey, *The Return of the Lord Jesus* (Los Angeles: The Bible Institute of Los Angeles, 1913), 38.
141. Daniel Gilbert, *Felicidade por acaso (Nova edição): Como equilibrar as expectativas do futuro para alcançar uma vida feliz no presente* (Rio de Janeiro: Editora Objetiva, 2021).

142. Randy Alcorn, *Céu* (São Paulo: Editora Batista Regular, 2023).
143. Richard Leonard e JoNancy Linn Sundberg (org.), *A Glimpse of Heaven* (Nova York: Howard Books, 2007), 159.
144. A. J. Gordon, *Ecce Venit* (Nova York: F. H. Revell, 1889), 213.
145. *New Bible Commentary: 21st Century Edition* (Downers Grove, IL: Intervarsity Press, 1994), comentário sobre Apocalipse 22:20.

Impressão e Acabamento:
GRÁFICA GRAFILAR